STYLING & IDEA by NAOKO OKUSA

大草直子の
STYLING &
IDEA

―

10年後も使える
「おしゃれの結論」

大 草 直 子

講 談 社

STYLING & IDEA by NAOKO OKUSA

PROLOGUE

おしゃれの結論

　この本には、私の30代半ばからの10年が詰まっていて、次の10年の未来予想図が描かれている。現在45歳。この10年、女性として、たくさんのことを経験した。嬉しいこともあれば、あまり嬉しくないこともあった。例えば、毎朝見る鏡に映る自分が、明らかに昨日と違うこと。1日だけのことだと思ったら、それは数日、数ヵ月続き、永遠にステイした。そう、年齢のステージも一つ上がったのだ。この変化は、以前出したスタイリングブックと比べてみると明らか。最初はなかなか受け入れられなかった昨日の自分との違いも、そのうちに受け止め、心から満足した。その過程には、今まで似合っていた服が似合わなくなり、七転八倒した時間も含まれる。30代で確立したと思ったおしゃれのセオリーが、年齢を重ねたことで通用しなくなったからこそ、たくさんの工夫をし、挑戦をし、そして、更に確たる理論やルールを手に入れた。

　仕事人として経験した、様々なキャリアも、私のスタイリングやおしゃれを、10年前のそれとは、全く異なるものにした。フリーのスタイリストとして活動していた頃とは違うシーンが、多く出現したのだ。これまで会ったことのない人、行ったことのない場所を体験し、さらに肩書がついた。「DRESS」という雑誌のファッションディレクター、そして、現在のウェブマガジン「mi-mollet（ミモレ）」の編集長として、装いを考えるように。このことは、年齢からくるあれやこれやと同時期

に私を悩ませ、そして、一つの結論を連れてきてくれた。

　細かいことは、それぞれのページに写真と共に書いてあるので割愛するが、過去10年の様々な経験や気持ちのレイヤードが、先の指針になるものとして形になったことに、今とても安心している。

　私たち女性は変わる。常に迷い、少し足踏みをし、そしてまた顔を上げて前進する。そのためのささやかなTIPSは、mi-molletでも紹介してきたけれど、この本では、「紙の力」──写真と文章の力を総結集させた。明日のコーディネートに迷ったとき、1ステップ自分を上げたいとき。人と較べることで、自分のおしゃれが委縮してしまうとき。是非、ページをめくってほしい。あえて、雑誌のような作りにしている。どこからめくっても、一つ一つの結論が、その見開きで確認できるようになっているのだ。

　今の時代、おしゃれは年齢という横軸ではなく、テイストの縦軸でカテゴライズされると言われる。けれど、年齢は、女性のおしゃれにとって絶対に繊細にならなければいけないファクターだからこそ、同世代の女性や、私よりも先輩方は、答え合わせや、もしかしたら悩みや迷いの解決の一助に。そして、まだまだ若い20代、実は迷いやすい30代の方は、予防や予習や、もしかしたら来るべき世代にほのかな期待を寄せてくれたら、とこの本を送り出したいと思う。

STYLING & IDEA by NAOKO OKUSA

CONTENTS

04 - 05

PROLOGUE

おしゃれの結論

10 - 11

SILHOUETTE

迷ったときは、
△か▽シルエット

12 - 13

DENIM

デニムは主役1本、
脇役1本

14 - 15

COLOR

色×色は、トーン（濃度）を
合わせるときれい

16 - 17

SUNGLASSES

サングラスは、
アイメイクとして選ぶ

18 - 19

BIKER'S JACKET

ライダースがあれば、
「狭間の時期」もおしゃれ

20 - 21

T-SHIRT

Tシャツは第二の肌。
1年経ったら見直そう

22 - 25

PACKING FOR A TRIP

すぐにリゾートへ旅立てる、
理想の旅のワードローブ

26 - 27

UNDERWEAR

下着は、私にとって
「ファンデーション」と「口紅」

28 - 29

IMAGE

「服を着る」イメージを
クリアにする

30 - 37

7DAYS COORDINATE S/S

春夏のワードローブの
揃え方と7日間コーディネート

38 - 39

BLACK

「黒」は、
素材と口紅で着る

40 - 41

AT HAND

気持ちもテイストも。
手元はミックス主義

42 - 43

PRINT BOTTOMS

柄のボトムスは、
Tシャツと合わせて

44 - 45

ORAL CARE

清潔感と初々しさは、
白い歯に宿る

46

LIP & FOUNDATION

深い赤。透ける赤。
たくさんの赤が必要

47

LIP & FOUNDATION

下地は必ず。
ファンデはブラシで仕上げて

48 - 49

HAIR STYLING

ヘアは服に合わせて。
「黒」の分量の調整役

50 - 51

PRINT DRESS

柄ワンピースは、
「黒」で締めればうまくいく

52 - 53

SHOES

「足元がキマれば」、
全身がキマる

54 - 59

MATERIALS

素材を楽しむことは、
おしゃれを楽しむこと

60 - 61

DIRECTIONAL ITEM

持つべきは、「前を行く」
ディレクションアイテム

62 - 63

BEST PANTS

ベストなパンツが、
3本あればいい

64

COLUMN 01

自分の写真を撮る、
ということ

65 - 96

SNAP! SNAP! SNAP!

97

COLUMN 02

シーンがスタイリングを
鍛えてくれる

98 - 99

HAT
顔に陰影を作る、
ハットの威力を知る

100 - 101

WITH PARTNER
パートナーとのコーディネートは、
何かひとつリンクしていれば良い

102 - 109

7DAYS COORDINATE F/W
秋冬のワードローブの
揃え方と7日間コーディネート

110 - 111

STOCKINGS
ストッキングで、
素足をドレスアップ

112 - 113

WEDDING
お祝いの気持ちが、
結婚式のドレスコード

114

GIFT & LETTER
「使って良かったもの」を
贈るように

115

GIFT & LETTER
手紙というクラシックな
伝え方が好き

116 - 117

CHARM POINT
好きなパーツは、
人目に触れさせる

118 - 119

RAINY DAY
雨の日の着こなしは、
靴が起点

120 - 125

TECHNIQUE
シンプルな服こそ、
「着方」でものにする

126 - 127

GLASSES
メガネは「はっきり顔」をつくる、
アイライン

128 - 129

BAG
必要なのは、「持ち方」の
異なる4つのバッグ

130 - 131

JACKET
ジャケットは、テーラードと
ツイードの2枚

132 - 133

STOLE & SCARF
普通の服は「巻き物」で、
ドラマティックになる

134 – 135

TIMELESS PIECES

気持ちや流行が変わる中、
私を支える「10年服」とは?

136 – 137

SCHOOL EVENT

学校というシーン。
ルールがある中でのおしゃれ

138 – 139

WITH CHILD

ここに行くからこの服。
作戦会議も"服育"の一部

140 – 141

LAYERED

冬は素材を、色を、かたちを、
注意深く重ねて

142 – 143

BLACK FORMAL

マナーとして揃えた、
「お悔やみセット」

144 – 145

CARE

服を着る前から、
始まっている身だしなみ

146 – 147

PAJAMAS & LOUNGEWEAR

エネルギーをくれる、
正しい「家時間」

148 – 151

INTERIOR

インテリアは、
まず「コーナー」から

152 – 153

10 YEARS LATER

姿勢、身体作り、
イメージをもつこと。
10年後の自分のために
できること

154 – 155

EPILOGUE

あとがき

156 – 157

SHOP LIST

注意

この書籍では、ほぼ本人の私服を着用
しており、クレジットにはそのブランド名
を記載しています。ブランドやショップよ
り借用したものは、ブランド名の後の
(　) 内にお問い合わせ先を記載し、
P156 – P157のショップリストに電話
番号を載せました。私物に関しては、ブ
ランドへのお問い合わせをお控え頂き
ますようお願い致します。(編集部)

STYLING & IDEA by NAOKO OKUSA

SILHOUETTE

迷ったときは、△か⧖シルエット

コートやスカートといったアイテムは、素材や色を楽しむものであると同時に、身体を包むシルエットを構成する要素。そのアウトラインを理解した上で服を着ることは、自分自身のスタイルを美しく整えることに直結する。迷ったら、上半身を小さく、下半身にボリュームをもたせる三角形のシルエットか、ウエストをきゅっと細く作る砂時計のシルエットを心がけて。一番危険なのは、チュニックのような縦長、長方形で身体を覆ってしまうこと。自分のウエスト位置を、「服の選び方」で明確にし、上半身、下半身との比較で細く「見せる」ことが大切。

←
△=上から下に向かって
ボリュームアップ

足元までが三角形になるよう、
ボリュームのあるスカートは
重さのあるウェッジソールサン
ダルで支えて。トップスはイ
ンして、ウエスト位置をしっか
りマークすることが大切。

ニット／エイトン
スカート／アドーア
サングラス／レイバン
ブレスレット／ハム
バッグ／ロンシャン
サンダル／エルメス

→
▷=ウエストを
しっかり作ってメリハリを

意外と難しいロング×ロングの
コーディネートも、ウエストを
絞ることでバランス良く着るこ
とができます。髪をタイトにま
とめると、シルエットがはっき
りして更にスタイルアップ。

コート／アクアスキュータム
ニット、スカート／ともにドゥロワー
ピアス／ルル フロスト
バッグ／シーズンスタイルラボ
サンダル／ヌグミオチ

STYLING & IDEA by NAOKO OKUSA

DENIM

1st
Indigo Denim
Slim and Straight

2nd
Cut Off
Black Denim

デニムは主役1本、
脇役1本

デニムは、例えば真新しいジャケットを自分に引き寄せてくれるものであり、5年来のシャツを新鮮に見せてくれるもの。願わくば1年に1度は新調し、さらに、主役デニムと脇役デニムの計2本を備えておきたいところ。主役デニムは、自分の身体にパーフェクトになじみ、色やデザイン、そして加工もベーシックなもの。困ったときに頼れる器の広さが必要。私にとってはレッドカードのウーマン。対して脇役デニムは、「今年らしさ」が見えるもの。ロウ（生）に近いブラックで、裾がカッティングされ、ノーストレッチで少年らしい後ろ姿を作る、アズールバイマウジーの1本。ブランド、値段を限定せず、幅広くチェックして、2本を厳選することが重要。

**ストレート、ミッドブルー
とにかく体型に合うブランドを**

シンプルなニットとデニム、永遠に大好きな組み合わせ。だからこそ、身体にピタリと合うデニムを更新したいもの。首と手首を見せて、女性らしさをコーディネートの味付けに。

パンツ／スタイルノート
カード
ニット／ジバンシィ
ピアス／ルル フロスト
リング／マルコム ベッツ
ブレスレット／ハム
バッグ／ヴァレンティノ
パンプス／ジャンヴィト ロッシ

**浅いブラック、裾の加工――
今の流行にのった1本**

今年らしいブラックデニムを取り入れることで、6年選手のコートが新鮮に。ここ数年で着るようになった黒は、色の濃度や異なる素材をミックスして着こなしに奥行きを。

パンツ／アズール バイ マウジー
コート／アクリス
ニット／ジョン スメドレー
サングラス／レイバン
ピアス／イエナにて購入
リング／マルコム ベッツ
バッグ／エルメス
ブーティ／マノロ ブラニク

寒色×暖色は
スモーキーに

イメージは春の景色。トップスは新芽のグリーン、パンツは桜のピンク。どちらもスモーキーなトーンを選ぶことで、しっくりまとまります。靴やバッグはグレーでなじませて。

ニット／マルティニーク
パンツ／シクラス
ピアス／ボン マジック
時計／ジャガー・ルクルト
ブレスレット／ハム
リング／グーセンス パリ
バッグ／バレンシアガ
パンプス／マノロ ブラニク

STYLING & IDEA by NAOKO OKUSA
COLOR

色×色は、トーン(濃度)を合わせるときれい

ニュートラルな色同士のコーディネートにも、心地良い一体感があるけれど、色×色の華やかさに挑戦すると、おしゃれの幅はぐんと広がる。一見難しそうに見えるカラーリングも、2色の濃度を合わせると簡単。暖色系、寒色系——同じグループでも、逆のグループでも、このルールさえ守っていれば大丈夫。ちなみにその際の小物合わせは、黒以外で。グレーやブラウン、もしくは、使用している1色も、もちろん正解。黒は色としてとても個性的で、強い色。バッグや靴で採用した「小さな黒」がまっ先に目立つことなく、選んだ2つの色の相性を楽しみたい。

こっくり色同士は好相性

秋に着たい色といえば、パープルとブリティッシュグリーン。こっくりした色同士の組み合わせは、意外と相性抜群。ちょっと明るさを加えるため、小物はキャラメル色で。

ニット/シーズンスタイルラボ
スカート/スタイルノート
サングラス/レイバン
ソックス/ノーブランド
ネックレス/ミズキ
時計/ジャガー・ルクルト
バングル/ともにティファニー
バッグ/デ・プレ
サンダル/ベリーコ サニー

チアフルなイエロー×インディゴ

サフランイエローとインディゴブルーは、夏らしくて大好きな組み合わせ。日本人には、フレッシュなイエローよりも、焼いたような色味が似合うと最近気が付きました。

コート/イエナ
ニット/ドゥロワー
スカート/ザラ
バッグ/シーズンスタイルラボ
サンダル/ポール・アンドリュー

STYLING & IDEA by NAOKO OKUSA

SUNGLASSES

サングラスは、
アイメイクとして選ぶ

夏の日の写真に写る自分の顔が少し「古く」感じたら、サングラスを替えてみて。サングラスは、私にとってアイメイク。フォルムはもちろん、フレームの色、ツルの太さ、レンズの濃さに、そのシーズンの気分が出るので、できるだけ目元は更新するように。スタイルのカジュアル化が進み、赤の口紅に代表されるような、「くちびるの色の復権」（バブル期以降初めて!?）、さらに、SNSなど、リアルなストリートから流行が生まれる時代性を映してか、サングラスもさりげなくかけられるものが主流に。例えば、丸みを帯びたボストン型や、角がとれた四角のウェリントン型は日本人の顔型にも合うのでおすすめ。

サングラス／レイバン

PRADA

プラダのサングラスってとてもキャッチー。このラウンド型のサングラスをかけて、赤みのあるリップを塗るだけで今の顔に。

サングラス／プラダ
ピアス／ボン マジック
Tシャツ／フレーム

Ray-Ban

顔に馴染むレイバンのボストン型。トラッドにもスポーティにも合うから、一年を通して登場回数の多い一本。

サングラス／レイバン
ピアス／イエナにて購入
リング／グーセンス パリ
ワンピース／スタイルノート

SPEKTRE

ハーフオープンのスペクトレーのサングラスは、少し迫力を出したいときに。シンプルな服だから、サングラスで「個性」を。

サングラス／スペクトレー
ピアス／イエナにて購入
バングル[太]／メゾンボワネ
ブレスレット[細]／ハム
リング／マルコム ベッツ
ベスト／マディソンブルー

Spring

Autumn

STYLING & IDEA by NAOKO OKUSA

BIKER'S JACKET

ライダースがあれば、
「狭間の時期」もおしゃれ

その時々で、女性の気持ちは変わるし、もちろん流行も。し
かも、体型だって変化するのであれば、「一生もの」はないと
思っている。けれど、レザーのライダースは別。表革は元々堅
牢な素材だから、手に入れるなら絶対に早いほうが良い。ワ
ンピースなどフェミニンの度が過ぎるときに、不要な女っぽさ
をマイナスしてくれるし、Tシャツになじんだデニムなんていう
スタイルにも、背筋が伸びるような凛々しさをプラスしてくれ
る。さらに、とにかく持っていて良かった、と思うのは季節と
季節の間。そう、着るものに困り、あるもので間に合わせがち
な「狭間」の時期。どんな繊細な季節のニュアンスにもフィッ
トし、どんな素材とも相性が良い。きっちり着こんでも様にな
るし、肩から羽織っても格好いい。そう、体温の調節もしやす
いのだ。日本特有の、このセンシティブなタイミングこそ、ラ
イダースで、とびきりおしゃれでいるべきだと思う。

春はシンプル服に
ライダースを肩がけ

穏やかな日差しの日は、ライ
ダースを肩から羽織って軽や
かに。歩く姿も軽快に見せてく
れます。インナーは白ベースの
ボーダーニットで、明るさと
春っぽさを加えて。

ジャケット／アッパーハイツ
ニット／ボーダーズ アット バルコニー
パンツ／エーピー ストゥディオ
サングラス／ボッテガ・ヴェネタ
時計／シチズン
バッグ／3.1 フィリップ リム
サンダル／ロベール クレジュリー

ニットと大判ストールで
秋から冬の初めまで

ライダースを選ぶときは、中肉
ニットを着られるくらいのサイ
ズ感を。首元を大判ストール
でおおえば、11月の終わり頃
まで楽しめます。秋らしいス
エード素材との相性も抜群。

ジャケット／アッパーハイツ
スカート／オーラリー
ストール／ジョンストンズ
タイツ／ICHIRYO
ピアス／イエナにて購入
バッグ／フェンディ
ブーツ／セルジオ ロッシ

1	2
3	4

STYLING & IDEA by NAOKO OKUSA

T-SHIRT

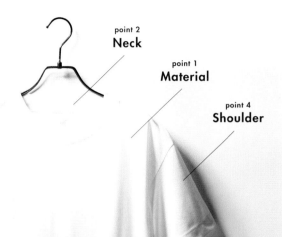

point 2 Neck
point 1 Material
point 4 Shoulder
point 3 Size

1．体が泳ぐくらいのサイズ感だから、ハイウエストのデニムにインしてもバランス良くきまります。青年のようなコーディネートに、ゴールドバックルの黒ベルトで大人っぽさを足して。

パンツ／ミラ オーウェン
ベルト／エルメス
ピアス／ボン マジック
ブレスレット［チェーン］／ハム
バングル［ゴールド］／マルコム ベッツ
バングル［黒］／エルメス
バッグ／シーズンスタイルラボ

2．実は、水玉模様が大好き。ちょっと甘めのドットスカートも、Tシャツと合わせれば自分に引き寄せられます。シンプルなコーディネートだから、サングラスはキャッチーなものを。

スカート／ミラ オーウェン（ミラ オーウェン ルミネ新宿2店）
サングラス／プラダ
時計／ジャガー・ルクルト
ピアス／ボン マジック
ブレスレット［チェーン］／ハム
バングル［ゴールド］／ティファニー
バッグ／シャネル

3．ジレのセットアップにシャツを合わせるとかっちりしすぎてしまうから、Tシャツで肩の力が抜けた感じに。肘まで届きそうな長めの袖もお気に入りのポイント。

ジレ、パンツ／ともにドレステリア
ピアス／ミズキ
バングル［太］／メゾンボワネ
バングル［ゴールド］／ティファニー
ブレスレット［チェーン］／ハム
バッグ／ヴァジック

4．おじさん風のザラッとしたツイードジャケットに真っ白なTシャツで、清潔感とフレッシュ感のある着こなしに。大粒パールのネックレスを足して、女性らしさも忘れず。

ジャケット／イザベル マラン エトワール
パンツ／アズールバイマウジー
ネックレス／ノーブランド
ブレスレット［チェーン］／ハム
バングル［ゴールド］／マルコム ベッツ
バッグ／ヴァジック

Tシャツ／無印良品［メンズ］

Tシャツは第二の肌。
1年経ったら見直そう

白のTシャツは、「真っ白」で「シャキッ」としていて、「おろしたて」でないと——。もちろんヴィンテージ風の良さもあるけれど、それが似合うのは、よっぽど身体を美しく整えている人か、単純に若いか、のどちらか。そうでないなら、選び方を変えること。下着が透けないくらいの素材感、程よく詰まった襟ぐり。身体に張り付かないサイズ感。そして肩のラインが落ちているものが良い。1年経ったら、部屋着にスライドさせるか処分してもいいくらいの価格のものを選んで。

STYLING & IDEA by NAOKO OKUSA

PACKING FOR A TRIP

すぐにリゾートへ旅立てる、
理想の旅のワードローブ

旅は、「支度」から始まっている。例えばビーチリゾートへの休暇に出かけるとき、私が最も大事にしているのは、「そこにいる人たちのスタイリング」。リゾートの景色は、集う人たちが作るから、その場の雰囲気になじむように。例えば大好きなバリは、ヨーロッパからのツーリストがほとんど。だから、Tシャツにデニムのショートパンツ、ではなく、リネンのカフタンのワンピースを選ぶ、というように。日程を想像し、現地で着るための服を組み立てていく。鮮やかな色やラフな素材など、仕事の場面や日常ではできないからこそ、「旅支度」はそれ自体が楽しくてワクワクすること。旅が好きな理由は、こんなパッキングにもあるのかもしれない。

スーツケース／リモワ
パッキングポーチセット／プライベート・スプーンズ・クラブ（プライベート・スプーンズ・クラブ 代官山本店）

ロングワンピース中心の旅支度は、ここ数年、アイテム自体も変わらず。基本は、日常とシェアすることはないから、年に数回のリゾートへの旅行で使うだけ。いよいよへたれてきたり、破れたりしたら買い替えるけれど、それまではこの手持ちのまま、充分に楽しむことに。色や柄、素材が、行き先のホテルや場所の雰囲気に合うように心がけています。

CLOTHES FOR A TRIP
リゾートへの旅はロングワンピースを中心に

1. ワンピース／スリードッツ
2. ローブ／エディション
3. ハット／アンソニー・ペト
4. サングラス／レイバン
5. ハット／スタイル アンド エディット
6. キャミワンピース／Mes Demoiselles…Paris
7. パイソン柄バングル／メゾンボワネ
8. バングル／AB
9. サンダル／ジャック ロジャース
10. サンダル／ジェローム・C・ルソー
11. パンツ／マルティニーク
12. ワンピース／エミリオ・プッチ
13. キャミソール／エービー ストゥディオ
14. クラッチバッグ／ヘレン カミンスキー
15. グレータンクトップ／バナナ・リパブリック
16. シルバー巾着バッグ／J&M デヴィッドソン

体重○○kgなどという、具体的な理想の数字はもたないようにしているけれど、自分的にビキニを着られるかどうかは、とても大事。ビーチリゾートに行く理由の一つが、太陽の下に寝転ぶことにあるので、ビキニはきれいに日焼けできるデザインを選ぶようにしています。あとは、速乾性が高く、そのままランチに行けるようなカフタンがあればベスト。プールサイドやビーチでヒールを履くことは皆無。

SWIMWEAR FOR A TRIP
上手に日焼けできるよう、水際のおしゃれは最も大事

1. ベージュのカフタン／ウェイリー ゼン
2. サングラス／スペクトレー
3. ベージュハット／海外で購入
4. オフショルトップス／ミラ オーウェン(ミラ オーウェン ルミネ新宿2店)
5. トップス／ウィム ガゼットで購入
6. ビーチサンダル／ハイアン
7. スイムウェア／海外で購入
8. スイムウェア／ストラスブルゴで購入
9. バッグ／ロンシャン

UV CARE FOR A TRIP

日焼け前提だから。
「全力のスキンケア」

時流に反していることはわかりながら、日焼けをすることはやめられないので、その後は全力のスキンケアを。あとは、日焼け止めに惜しまず投資すること。シスレーのシリーズを使い始めてから、日焼けがきれいに進み、そしてそのカラーが長く残り、さらに乾燥も防げるから、この先もずっと浮気せず使い続ける予定。髪もとてもダメージをうけるので、シャンプー類も日本から持参するように。

1. アロマエステ ヘアマスク 35／ラ・カスタ（アルペンローゼ）
2. SP サンケア ミルキー ボディミスト／シスレー（シスレージャパン）
3. ボディスクラブ ゴールドハニー／ドクターシーラボ（ドクターシーラボ）
4. 薬用スキンコンディショナー エッセンシャル ペーパーマスクE／アルビオン（アルビオン）
5. クレーム ドゥ・ラ・メール 30ml／ドゥ・ラ・メール（ドゥ・ラ・メール）
6. サンケア プロテクト ヘアヴェール／アヴェダ（アヴェダ）
7. サンレイヤ G.E. SPF30／シスレー（シスレージャパン）
8. HACCI ティントオイルリップ／HACCI（HACCI）
9. アスタリフト ホワイト パーフェクトUVクリアソリューション／富士フイルム（富士フイルム）
10. トロピカル ソワン イドラタン マティフィアン／シスレー（シスレージャパン）
11. 〈薬用〉美白アイテンションエッセンス／ジェイドブラン（JADE BLANC お客様相談室）
12. スポーツ ビューティ UVウェア(スーパーハード) N／コーセー（コーセー）
13. アロマエステ ヘアソープ 35／ラ・カスタ（アルペンローゼ）

STYLING & IDEA by NAOKO OKUSA

UNDERWEAR

下着は、私にとって
「ファンデーション」と「口紅」

私のランジェリーの引き出しには、2タイプの下着が入っている。一つは土台、そう、文字通りベースになるもの。メイクで言うところのファンデーションのような存在。服＝顔立ちを、美しく見せるためのもので、例えば、超ハイゲージの透けるニットを着るための、モールドカップ付きのキャミソール。ブラジャーの装飾のアタリや、繊細さに欠ける素材がニットの輪郭に影響しないように。または、ヒップラインがタイトなパンツをきれいにはくための、総レースのショーツ。服をきれいに着る、ということは、こんなアイテムを持っているかにかかっている。そしてもう一つは、口紅のようなもの。センシュアルで、甘くて、気分が良くなる！　前向きになれる！　と、まさに自分の好みを詰め込んだ下着。女性にとって、どちらも実は必要で、中途半端なものは、引き出しの場所をとるだけの、最も不要なもの。

1 2
3 4

1.「パッド入りのキャミ」ではなく、ブラとキャミソールが一体になっているのが本当に良くて。丸くて清潔感のある胸と、きれいな体のラインを作ってくれる下着。絶妙な色もお気に入り。

キャミソール／HANRO（ワコール）

2.ストレスなくはけて、ボトムにアタリが出ないショーツ。ニュアンスカラーで他のブラジャーとも合わせやすい。この7年、10ヵ月に一度は買い替えているほど愛用中。

ショーツ／すべてハンキーパンキー（ビーアンドティートレーディング）

3.バンドタイプのブラは、脇が大きくあいたアメリカンスリーブを着るときの必需品。下着というよりは、ファッションアイテムとして。ベーシックカラーのものを2種類の素材で常備。

ブラトップ／ともにロンハーマン（ロンハーマン 千駄ヶ谷店）

4.私にとって口紅のような存在のブラとショーツ。服も下着も色のコントラストが強くないものが好きだから、ミルキーカラーを。実はどこか甘好きな乙女心を下着に込めて。

ブラ、ショーツ／ともにスタディオファイブ（ワコール）

I WANT TO BE HER!

Tone and firm

Organic Luxuary

When Will I Be Free?

ここ数年、私が気になっているキーワードは"Tone and Firm Body"。体が適度に引き締まっていて、健康的な感じが好き。身体づくりでも、服選びでもそれを意識します。そしてもうひとつのキーワードは"Organic Luxury"。素材を生かすという意味のラグジュアリーに心惹かれます。

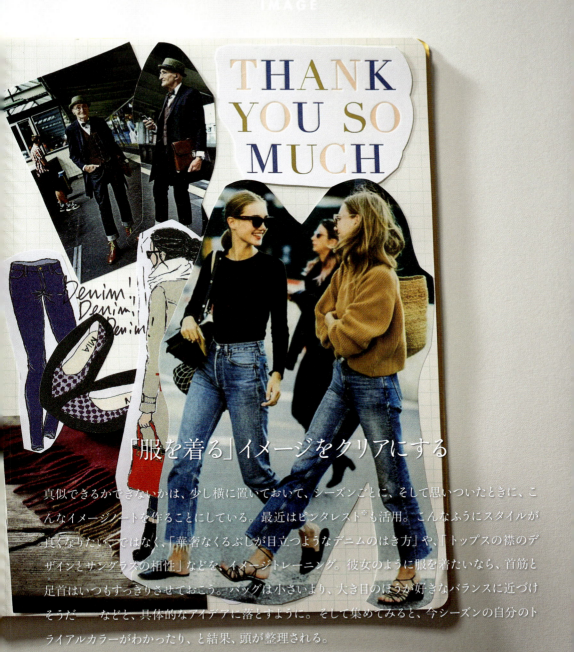

「服を着る」イメージをクリアにする

真似できるかできないかは、少し横に置いておいて、シーズンごとに、そして思いついたときに、こんなイメージノートを作ることにしている。最近はピンタレスト※も活用。こんなふうにスタイルが良くなりたい〜ではなく、「華奢なくるぶしが目立つようなデニムのはき方」や、「トップスの襟のデザインとサングラスの相性」などを、イメージトレーニング。彼女のように服を着たいなら、首筋と足首はいつもすっきりさせておこう。バッグは小さいより、大き目のほうが好きなバランスに近づけそうだ──などと、具体的なアイデアに落とすように。そして集めてみると、今シーズンの自分のトライアルカラーがわかったり、と結果、頭が整理される。

※ピンタレスト：ネット上の画像を自分の「ボード」に「ピン」して集めたり、他の人のボードに貼られた画像を「リピン」し、画像をブックマークして集めるツール

STYLING & IDEA by NAOKO OKUSA

7DAYS COORDINATE S/S

「ベーシック」「つなぎ」「遊び」があれば、着回しは自在。春夏のワードローブの揃え方と7日間コーディネート

バカンスムードをベースに、「堅め」アイテムで幅広い場面に対応

季節のアイテムを整えるときに大切なのは、そのワードローブに次の3つの要素が揃っているか、ということ。ひとつは、文字通りスタイリングを支え、おしゃれの核となってくれる「ベーシック」。デザインがベーシックである必要はなく、その季節の自分の気持ち、そして方向性を支えてくれるもの。例えば、「ジェーン・バーキンみたいな」であったら、カゴバッグやデニム、レースのカフタンなど。私の場合、春夏は「イタリアのポルトフィーノでバカンス中のマダム」をテーマに、甘さを排除した、色や素材を集める。ふたつめには、季節と季節、または2つのアイテム、さらに複数のシーン——そう、カジュアルとオフィス、のような——をブリッジしてくれる「つなぎ」。ベストや堅いバッグなどがあるのは、「ベーシック」でラフに転び過ぎたワードローブと、仕事の場面を「つなぐ」ため。最後に、毎日の着こなしをワンパターンにしないための「遊び」。気分のままに選んだブラウスやワンピースが、意外と、ほかの一点一点を活性化してくれる。手持ちの服に、新しいアイテムを買い足すとき、それが3つの要素のどこに入るのかを考えると、クローゼット全体のバランスがとりやすい。

秋冬のワードローブの揃え方と7日間コーディネート → P102 − P109へ

A—G

ベーシック

そのシーズンの気分や方向性を支え、おしゃれの核になってくれる「ベーシック」。春夏は"イタリアでバカンス中のマダム"をイメージしつつ、まずはデニムとリネンの2本と身体を美しく見せてくれるニットをセレクト。バッグと靴も、どこかに「ラフな感じ」があるものを選びたい。

A 前も後ろもパーフェクトな開きの黒ニット

背中が開いているニット。オンにもオフにも着られて、春から夏まで活用できる、無敵の一枚。

ニット／プラダ

B 実はどんな服にも合う、カゴバッグ

季節感を足す、という意味で欠かせないカゴバッグ。縦長のフォルムが珍しく、使いやすい。

バッグ／カバナ バシュ

C 全てのシーンにフィットする一足

疲れにくく、しかもシーンを超えて活躍してくれるスエードサンダルを一足持っていると、とても便利。

サンダル／プラダ

D ブルーデニムは、ワードローブの要

夏っぽいサマリーなブルー、切りっぱなしの裾、ハイウエストで、どんな着こなしにも合わせやすい。

デニム／ミラ オーウェン

E 360°きれいなラインのパンツ

リネン素材だけど、センタープレスで、どこから見ても、どんなシーンでも着映えするパンツ。

パンツ／ドレステリア

F カーキのスカートは着回しのベース

カーキは、効かせ色ではなく土台になる色。黒、ベージュのどちらの方向にも着こなしやすいから。

スカート／ギャルリー・ヴィー

G Tシャツではなく白ニット

Tシャツだとカジュアル過ぎるけど、白ニットなら、リラックス感もきちんと感も叶えてくれる。

ニット／エイトン

H — L

つなぎ

複数のシーン、季節、アイテムをブリッジする「つなぎ」アイテム。堅めな印象のバッグ、ローファー、端正なジレはラフなアイテムを仕事顔に。羽織りものにもなるシャツワンピースやロングカーディガンはオールシーズンはけるボトムを、夏らしく軽やかにしてくれたり、王道のバランスを新鮮に変化させたりしてくれる。

H ローファーがあれば、カジュアル服も仕事着に

リネンのボトムやワンピースなど、カジュアル服をお仕事シーンで着たいときに欠かせない一足。

靴／グッチ

I 季節もシーンもつなぐハンドバッグ

ベージュと黒、レザーとラフィアのコンビ。合わせる色も素材も季節を選ばず、オフィスにも対応。

バッグ／ヴァジック

J シーンと季節をブリッジ。バニラ色のベスト

Tシャツを仕事顔にしてくれたり、オールシーズンはくデニムに夏っぽさを足してくれる、バニラ色のベスト。

ベスト／マディソンブルー

K シンプル服の場面を広げる、2WAYワンピース

一枚で着ても羽織っても。羽織ると、動きと軽やかさが出て、シンプル服の活用場面を広げてくれる。

ワンピース／スタイルノート

L 「長い」と「短い」をつなぐロングカーディガン

この丈のカーディガンが、トップスが短く、ボトムが長い「いい子すぎる」バランスを崩して「つなぐ」。

カーディガン／エイトン

M — P

遊び

着たかったトマトレッドのワンピース、ずっと欲しかった白のチェーンバッグ、完全にリゾートモードのカシュクール。履いているだけで楽しげな美しいサフラン色のパンプス。気分のままに選んだ「遊び」のアイテムが、毎年それほど変わらない「ベーシック」を活性化し、あっという間に今年顔にしてくれる。

M 遊び心のための、
白のチェーンバッグ

遊び心はあるけれど、実はオールマイティなのが白。どんな着こなしにも合い、アクセントになってくれる。

バッグ／シャネル

N 好きを詰め込んだ、
麻のカシュクール

リネン100%で、街にいても海を感じさせてくれるデザイン。理由なく気分が上がる一枚。

トップス／ウィム ガゼット

O 地味な色のコーディネートを
今の表情に変えるサンダル

ベーシックで地味な色同士を、「楽しげに」「今っぽく」つないでくれるのが、サフラン色のサンダル。

サンダル／ポール・アンドリュー

P 気分が上がる、
トマト色のワンピース

ワードローブの中にない「特別な色」はワンピースで。着回しを考えない服も、ときに必要。

ワンピース／エム マーティン

Day 1

B + D + K + O

いつものデニムを、
色と素材で軽やかに

一枚で着ると、少しドレッシーに見えるシルクのワンピースも、こうしてアウターとして羽織れば、いつものデニムスタイルにやわらかさと軽さがプラスされ、華のある休日スタイルになる。

インナー/フィルオー
ピアス/イエナにて購入
ブレスレット/ハム
リング/グーセンス パリ

Day 2	Day 3	Day 4

C + F + G + L + M
**ロングカーディガンで
王道バランスに変化を**

ハイウエストのミモレ丈スカートが作る、「優等生のような」バランスを長いカーディガンで崩して新鮮に。白×カーキに、サングラスと靴で黒を入れて引き締めつつ、バッグは上半身の白に合わせれば軽やかな印象。

サングラス／スペクトレー、バングル／メゾンボワネ

B + E + J + O
**小物合わせで
整いすぎを防いで**

リラックスムードなリネンのパンツも、ベストを合わせると、かなりハンサムな着こなしに。ここにローファーをはくと「ハバナの紳士コスプレ」になってしまうので、スエードのサンダルではずして。

C + D + I + N
**リゾーティなトップスを
街着にするには**

例えば金曜日、友人と食事、なんていう日はリネンカシュクールを主役に。「堅め」フォルムだけどラフィアが入ったバッグが、リゾートトップスを「街着」へとつないでくれる。

サングラス／レイバン、バングル／ジャマン ピュエッシュ

Day 5

A + B + F + H

**自分を際立たせる、
マイベーシック**

色をおさえたシックな着こなし。マットなトップ＆ボトムに、ローファーで光沢と立体感をプラス。初めての人にお会いするときは、このくらい「着る人が立つ」ことも大切。

Day 6

H + I + P

**赤のワンピースを
時短と華を叶える仕事着に**

その時の気分が100%投影された色やデザイン、素材のワンピースにローファーと「堅め」バッグを合わせて仕事へ。一枚で完成するワンピースは、時短アイテムとしても。

Day 7

A + C + E + I

黒とベージュは、
ずっと好きな色合わせ

きっとこれからも長く私の「ベーシック」であり続けるプラダのニット。自分に自信を注入したい日は、どこから見てもきれいなワイドパンツと合わせて、マニッシュに。黒バッグでなく2トーンのバッグにすることで、ストイックな色合わせにリズムが。

サングラス／プラダ
ピアス／ミズキ

カーディガン、スカート／
ともにエービー ストゥディオ
トップス／マウジー
サングラス／ボッテガ・ヴェネタ
ピアス／イエナにて購入
リング／ハム
ブレスレット
［手首から1、3番目］／
ともにエルメス
ブレスレット
［手首から2番目］／
海外にて購入
バッグ／ヴァジック
サンダル／メグミオチ

STYLING & IDEA by NAOKO OKUSA

BLACK

「黒」は、素材と口紅で着る

年齢を重ねて楽しくなったことの一つに、黒の着こなしがある。ただし、特に黒だけで作るコーディネートには、細心の注意を払っている。例えば、素材合わせ。黒はベージュやグレーに比べて、色の幅がとても狭い色。表情やキャラクターは、素材で決まる。シルクの黒は、エレガントで妖艶。リネンなら、ドライでカッコ良い——というように。その日の、少し複雑で奥行きのある自分を、たくさんの素材を注意深くレイヤードして作っていくイメージ。そして仕上げに口紅を。黒を着る気合であり、表情にインパクトをもたせて、黒とバランスをとるために。

若い頃に黒を着てこなかった理由の一つは、リップを塗らなかったから。大人の階段を上り、リップを楽しめるようになった今、黒の強さを恐れなくなった。リップと黒、装いの引き出しが増えるのはとても嬉しいこと。

オールブラックのコーディネート。コットンのTシャツ、コットンのロングカーディガン、スエードのスカートとサンダル、革のバングル、ラフィアのバッグ、そして髪。黒をいろんな素材でレイヤードして奥行きを。

STYLING & IDEA by NAOKO OKUSA

AT HAND

気持ちもテイストも。
手元はミックス主義

日本人がジュエリーのレイヤードを楽しむなら、手元がおすすめ。肩が薄く華奢な私たちは、欧米のマダムのように、大粒のネックレスを幾重にも——というのは、やっぱり難しい。テイスト、ブランド、素材、手に入れたタイミングさえも、細かな計算なしにとにかく重ねて。イエローゴールドとシルバー、のような迷う人が多い地金のミックスも、もちろんOK。ただし、上質な素材、本物の光は必ず1本は入れたいところ。いつも視線が留まる手元に、自分だけの組み合わせがあることで、その人のおしゃれは、唯一無二のものになる。

お気に入りの時計を起点に、
自由に重ねた手元

地金の異なるブレスレットをミックスする時、ハムのチェーンブレスレットが繋ぎ役になってくれる。ゴールドとシルバー、2色の地金を使ったものを1本入れると、こんなふうに違和感なくミックスを楽しめます。

―――――――――――――
ニット/マルティニーク、ピアス/ボン マジック、バングル[ゴールド]/マルコム ベッツ、ブレスレット[チェーン]/ハム、時計/ジャガー・ルクルト、バングル[シルバー]/ティファニー、バングル[黒]/エルメス、リング2本/ノーブランド

STYLING & IDEA by NAOKO OKUSA

PRINT BOTTOMS

柄のボトムスは、
Tシャツと合わせて

顔まわりに直接影響するから、なかなか手を出しづらい
プリントの服。けれど、一瞬で旬の着こなしが実現する、
マジックアイテム。取り入れるなら、メイクや表情を左右
しないボトムスがおすすめ。しかも、トップスの合
わせはTシャツがベスト。カジュアルさは大切にし
ながら、簡単にスタイリングをコンプリートしてくれる。
きちんと着こなしたいなら、堅めのバッグを、さらにラフ
に仕上げたいなら例えば、カゴバッグで。イメージのハ
ンドリングはバッグでやると、うまくいく。難しく考えすぎ
ずに取り入れると、ベーシックで揃えたワード
ローブが、ぐっと活性化される!

街でも、リゾートでも
活躍するシルクのパンツ

ペイズリー柄のシルクのパン
ツは、サラサラのはき心地と、
歩くたびにふんわり広がるシ
ルエットがお気に入り。スリッ
パサンダルとカゴバッグでリ
ラックスムードを楽しみます。

Tシャツ／プチバトー
パンツ／マルティニーク
サングラス／ボッテガ・ヴェネタ
バングル／すべてジャマン　ピュ
エッシュ
バッグ／カバナ　バシュ
サンダル／ポール・アンドリュー

甘めのスカートは
ライダースでチューニングを

ラップタイプの、気持ち甘めの
プリントスカート。グラフィカ
ルなTシャツやライダース、カッ
チリしたバッグで甘辛バランス
を調節して。ソックス合わせの
サンダルで今らしいラフさを。

Tシャツ／ミラ　オーウェン（ミラ
オーウェン　ルミネ新宿2店）
スカート／イザベル　マラン
ジャケット／アッパーハイツ
サングラス／スペクトレー
ソックス／ノーブランド
バッグ／フェンディ
サンダル／プラダ

コンパクトな黒Tシャツで
ほんのりモードに

大好きなNY在住のデザイナー、クリスティン・アルカレイのオリジナルプリントスカート。黒のTシャツ、モノトーンのバッグと合わせて、カジュアル&モードなスタイリングに。

Tシャツ／フレーム
スカート／クリスティンアルカレイ
サングラス／アヤメ
ピアス／ルル フロスト
バッグ／J&M デヴィッドソン
靴／レペット

ニット／ボーダーズ アット バルコニー
ピアス／ボン マジック

STYLING & IDEA by NAOKO OKUSA

ORAL CARE

清潔感と初々しさは、白い歯に宿る

ネイルのケアやヘアのメンテナンスより、実は大切にしているのは歯のホワイトニング。年中日焼けをしている私にとって、表情を明るくし、清潔感を保ち、そして年齢を重ねるにつれて減ってしまう初々しさをキープするのは、「白い歯」なのだ。仕事にプライベートに忙しい私たち。なんでもかんでもはできないし、現実的じゃない。だったら、どこか1つ。何か1つ。注意したいのは、やり過ぎや盛り過ぎ。あくまでもナチュラルに、というのは、おしゃれと同じ。同時に、自分のパーツを最低限1つ、美しく保つことは、服を選んだり着たりする前に、済ませておきたいところ。

1 2 3

1. ホワイトニング効果の高い歯磨き粉。歯の退色を防いでくれるから、本来なら3ヵ月に一度のオフィスホワイトニングが、10ヵ月に一度に。泡立たない使い心地も好き。

歯磨き粉［薬用ホワイトニング歯磨き］／スーパースマイル（クチュール）

2. オーガニックだから安心して使えるヴェレダのマウスウォッシュ。ハーブエキスで口の中がすっきり爽やかに。外出先にも一緒に連れて行けるコンパクトサイズ。

マウスウォッシュ［マウスウォッシュ］／ヴェレダ（ヴェレダ・ジャパン）

3. この歯ブラシ、何と言っても毛量が違う。大きめのヘッドに細い毛が密集していて、歯を磨いたときの「ラグジュアリー感」がたまらない！ スーパーで気軽に買えるのも良いところ。

歯ブラシ［プレミアムケアハブラシ・6列レギュラー ふつう］／プレミアムケア（エビス）

STYLING & IDEA by NAOKO OKUSA

LIP & FOUNDATION

LIPS

深い赤。透ける赤。たくさんの赤が必要

以前はほとんどつけなかった口紅も、今は欠かせないメイクのポイント。肌や首、デコルテに影が増え、髪の艶が少しずつ失われるからこそ、くちびるに血色を。内側からにじみ出るようなナチュラルな赤や、クラシックで艶っぽい、深い赤。こんなに赤が似合うのは、間違いなく大人世代。手放すものや諦めるものもあるからこそ、手に入る新しい楽しみがある。ずっと「同じ」は、安心ではなく、停滞や後退と同義語だから、こうした小さな発見に敏感でいるべき。

左から: モイスチャー リッチ リップスティック 10／SUQQU (SUQQU)、リップスティック ロシアン レッド／M・A・C (M・A・C メイクアップ アート コスメティックス)、リップチーク [左からイリューシブ、ビーラブド、モデスト]／すべてrms beauty (アルファネット)

FOUNDATIONS

下地は必ず。ファンデはブラシで仕上げて

くちびるをドレスアップするようになったら、肌はどんどん軽くなる。細かなパールが入った下地で肌の明度を上げたら、あとは、シフォンみたいに軽いリキッドファンデーションを、ブラシでとって。毛穴を埋めてくれるのに、仕上がりはとてもライト。最後に、余分なテカリをパウダーでおさえて、フォギーな質感に。毛穴やシミ、シワを隠そうとすると、肌がどんどん厚ぼったくなるから、薄いヴェールをかけるイメージ。肌の様々は、笑っていると意外と目立たないもの。

左から: ルースセッティングパウダー トランスルーセント、ファンデーションプライマー ラディアンス、キャンドルグロウ ソフトルミナス ファンデーション バフ／すべてローラ・メルシエ（ローラ・メルシエ ジャパン）、メイクブラシ oval6／アーティス（フィッツコーポレーション）

STYLING & IDEA by NAOKO OKUSA

HAIR STYLING

ヘアは服に合わせて。「黒」の分量の調整役

その日の着こなしに、ヘアスタイルを合わせるのはもちろん。同時に、髪は全身の「黒の分量」の調整役ということを忘れないように。例えばパステルの服にダウンスタイルでは、全身に占める黒が多すぎるから、きゅっとまとめて。朝は、ボリュームを出してくれるスプレーを髪全体に、その後必ずドライヤーで髪を温めてから、ヘアスタイリング。このひと手間が、くせ毛を生かしたウェーブや、1つに結んだ時のラフなフォルムを作ってくれる。寝坊した朝は、メイクを完璧に仕上げるより、髪を巻いて結ぶことを優先するのは、「生活感が髪に出ない」ように。

ニット／シーズンスタイルラボ、ピアス／イエナにて購入

1 2
3 4

1. 年齢を重ねると髪の艶が無くなってくるから、ヘアブラシは重要。上から下へ、横へと、いろんな方向にブラッシングすると艶が出て、髪の立ち上がりが良い感じに。

[ヘッドスパブラシ]／ラ・カスタ（アルペンローゼ）

2. ヘアメイクさんから教えてもらったヘアトニックを使うようになってから、明らかに髪が扱いやすくなりました。朝、乾いた髪を水で濡らしてから根元につけて乾かすだけ。

[ヘアデンス トニック]／アヴェダ（アヴェダ）

3. ヘアドライがめんどうで、苦手だった私。驚くほどあっという間に乾くこのドライヤーに出会ってから、ちゃんと乾かすように。夜のワンステップを楽にしてくれるアイテム。

[Dyson Supersonic™ ヘアードライヤー]／ダイソン（ダイソンお客様相談室）

4. アマゾンの先住民が使っているヤシ科の木の実のオイル「ラウア」。とにかく髪がふわふわに。決して安くはないけれど、カシミヤのような肌触りを髪にも、と思えば納得。

[ラウア EXヘアオイル]／ラウア（アルファネット）

STYLING & IDEA by NAOKO OKUSA

PRINT DRESS

柄ワンピースは、「黒」で締めればうまくいく

プリントワンピースは、黒が入ったものを選べば難しくない。さらに、バッグや靴など、着こなしのアウトラインを、黒で締めれば完璧。そう、羽織るカーディガン、重ねるニットやジャケットを黒にすれば、柄だけが悪目立ちすることなく、スタイリングが可能に。例えば、存在感が時に強すぎる、こんなレオパードのワンピースも、サングラス、ニット、バッグ、シューズで黒の分量を多くしていけば、柄と黒の「重さ」がつり合い、そして、もっと気軽に着られる。

昔は柄ワンピースの存在感や迫力が苦手だったけれど、年齢を重ねることでうまく料理できるようになってきました。ヒョウ柄は透ける素材で軽やかに。髪はラフにまとめたり、バッグを斜めがけにしたりと、マダムになりすぎない工夫を。

ワンピース／エキップモン
ニット／ミューズ ドゥ ドゥーズィエム クラス
サングラス／アヤメ
ピアス／ボン マジック
バッグ／シャネル
ブーツ／マノロ ブラニク

STYLING & IDEA by NAOKO OKUSA

SHOES

「足元がキマれば」、全身がキマる

コーディネートに満足しないのは、実は足元が問題だったりする。服に比べて、圧倒的に少ない靴の数。着こなしは、「数が少ない靴」から決定すると、ストレスなく、しかも絶対の調和を保つことが可能。シーンや気分、予定に合わせて靴をピックアップ、その後ボトムス、そして間をつなぐソックスやタイツを決める。この順番が正解。

1	2	3	10	11	12
4	5	6	13	14	15
7	8	9	16	17	18

1. サンダル／エルメス、スカート／アドーア　2. サンダル／プラダ、パンツ／アッパーハイツ、カーディガン／エイチ ビューティ＆ユース、ソックス／ノーブランド　3. パンプス／ジャンヴィト ロッシ、パンツ／マルティニーク　4. パンプス／マノロ ブラニク、パンツ／スタイルノート×レッドカード、バッグ／シャネル　5. 靴／グッチ、パンツ／アズールバイマウジー　6. 靴／レベット、スカート／クリスティンアルカレイ　7. サンダル／ジェローム・C・ルソー、パンツ／ドゥロワー　8. ブーツ／セルジオ ロッシ、スカート／オーラリー、タイツ／ICHIRYO　9. パンプス／バレンシアガ、パンツ／エイトン　10. サンダル／ポール・アンドリュー、ワンピース／スタイルノート、パンツ／ミラ オーウェン　11. サンダル／メグミオチ、スカート／ドゥロワー　12. サンダル／テバ、ソックス／ノーブランド、スカート／ドゥロワー　13. パンツ／アッパーハイツ、ソックス／無印良品、バッグ／ルイ・ヴィトン、スニーカー／コンバース　14. ブーツ／ミッシェル ヴィヴィアン、スカート／アイロン　15. パンプス／ジャンヴィト ロッシ、タイツ／ICHIRYO、スカート／ボッテガ・ヴェネタ　16. パンプス／サルヴァトーレ フェラガモ、ソックス／ノーブランド、スカート／ドゥロワー　17. サンダル／ヴァレンティノ、ソックス／ノーブランド、パンツ／ドゥロワー、コート／海外にて購入　18. パンプス／ジミー チュウ、パンツ／ドゥロワー

STYLING & IDEA by NAOKO OKUSA

MATERIALS

素材を楽しむことは、
おしゃれを楽しむこと

おしゃれをすることは、素材を知り、素材を楽しむことだと思う。色やデザイン、もちろんブランドの力もそうだけれど、年齢を重ねると、素肌に感じる、「ざらっ」「さらり」「ふわん」といったような、感触がとても大切だったりする。疲れているときに選ぶシルクや、自分らしくいたいときのリネンのように。素材には、はっきりとした表情があり、女性像が見え隠れし、同じ色であっても、違うマテリアルだと、異なるプレゼンテーションになったりする。そして、その服を着ていたときの気分や記憶は、素材と直結していることが多いのが面白い。コットン、リネン、カシミヤ、シルク、ウール——たくさんの素材を経験した女性のコーディネートは、滋味深く、そして立体感があり、自分だけでなく周囲の人の記憶にも長く残るのだ。

コットンがもつのは、いつまでも清らかな女性像

コットンに潜むのは、凛々しさと清潔感。例えば白シャツ。このシャキッとしたラインをそのまま生かしたいから、インナーに着るのもコットン。服と自分、そして素材のコンビネーションを邪魔しない、程よくカジュアルで肌当たりの良い、コットンのタンクトップがおすすめ。

シャツ/ドゥーズィエム クラス、タンクトップ/エイトン(ヴァリアス ショールーム)、パンツ/アズールバイマウジー、時計/シチズン、リング/マルコム ベッツ

年齢を重ねる楽しみは、リネンに集約される

その世代世代に、とびきり似合う素材があります。そう、例えば、リネンのように。ざらっとした質感が特徴で、色出しも、コットンやシルクに比べると、断然柔らかく。洗うごとに味が増し、そして、朝着たときの表情と、夜着替えるときの顔が全く違います。一日の中でもいくつもニュアンスを楽しめて、おろしたてよりも2年、3年経ったときの変化を、心待ちにできる素材。

ワンピース／フォルテ フォルテ、ベルト／イザベル マラン エトワール、ピアス／イエナにて購入、バッグ／カバナ バシュ

気持ちを
ほどいてくれるカシミヤ

カシミヤのもつ、柔らかな母性は、本当に気持ちを優しくしてくれます。予定が詰まっている一日や、寒い中外にいなくてはいけない撮影の朝、前日から、なんだか気分をリセットできない日なんかに手に取るのは、絶対にカシミヤ。繊維と繊維の間に暖かな空気をホールドし、少し長めの毛足が、素肌をつかず離れず守ってくれます。シルクのインナーと合わせたら、その繊細さは最強。

カーディガン／ドローイング ナンバーズ、キャミソール／エイチ ビューティ&ユース、パンツ／アッパーハイツ、ピアス／ボン マジック、リング／マルコム ベッツ

シルクの湿度が、
時に絶対必要

シルクの最大の特徴は、触れた時の心地よいぬめりと、ほのかな光沢。そしてその女性っぽさは、そのまま着ている人の印象になる。実は保温性に優れ、吸湿性、速乾性が高く、夏だって冬だって着やすい素材。あとは、その色の出方。コットンが色をまっすぐ表現するのに対し、シルクは1枚ヴェールをかけたように。冬、カシミヤと合わせることもあるし、ラフになりがちな夏に、あえて着ることも。

ワンピース／セドリック シャルリエ、ピアス／イエナにて購入、バングル／メゾンボワネ、バッグ／ヴァレンティノ、サンダル／ポール・アンドリュー

素朴さが魅力の、
ウール

例えば化繊が永遠に土に還らず、その形のまま残るのに対して、ウールは、生きている素材。数ヵ月も経つと、自然の一部になり、とても有機的。だからなのか、その素朴さやオーガニックな雰囲気は、ウールならでは。グレーやオフホワイト、ベージュなどのアーシーな色が得意な素材でもあります。大人が着るときは、必ずどこかに艶っぽさを加えて。例えば赤いリップのような。

ニット／エイトン、ストール／ブロンテ バイ ムーン、スカート／ドゥロワー、バッグ／シャネル、リップマグネット403／ジョルジオ アルマーニ ビューティ

STYLING & IDEA by NAOKO OKUSA

DIRECTIONAL ITEM

持つべきは、「前を行く」ディレクションアイテム

優しく寄り添ってくれる、親友のようなアイテムは安心できるけれど、私の少し前を行く「灯台」のような何かも必要。今が一番似合っているわけではないかもしれない。だからこそ、これが最高に格好良く見えるようなおしゃれをしよう、自分になっていよう——そんなふうに自分を導いてくれるバッグや時計は、きっとゴールにたどりつくまでの道のりを、豊かで前向きなものにしてくれる。私にとっては、ボン マジックのバロックパールのピアスであり、IWCのポルトギーゼであり、そして最近、様々なご縁がつながったそのタイミングを信じて手に入れたケリーバッグのように。投資ともご褒美とも違う、もっときっぱりとした意思をもったものに、自分の未来を重ねて手に入れたい。

ピアス／ボン マジック、Tシャツ／フレーム

時計／IWC
ブレスレット／ハム
ジャケット／シーズンスタイルラボ

バッグ／エルメス
パンツ／ミラ オーウェン
ブレスレット／ハム
リング／マルコム ベッツ

STYLING & IDEA by NAOKO OKUSA

BEST PANTS

ベストなパンツが、
3本あればいい

パンツは着こなしの土台。自分の体型にフィットし、パーフェクトなサイジングで、流行に左右されないパンツがあれば、しばらくの間おしゃれは間違いなく安定したものになる。しかも、季節やテイストが重ならないように3本持っていたら、言うことなし。1本目は、オールシーズン使える、オーセンティックなデザイン。例えばカーゴパンツのような。そして2本目は、とにかく体型を美しく見せてくれる、自分にとってのベストパンツ。タックがたっぷり入った、グレーのパンツは、私にとってのそれ。最後は、色やラインに遊びのあるもの。山吹色のガウチョ、しかもダブルフェイスのパンツは、秋冬、スカートのようにもスタイリングできるから、登場頻度にかかわらず、絶対に必要な存在。

オールシーズン使えるハイウエストのカーゴパンツ。微光沢のある素材だから、カジュアルからエレガントまで、着こなしの幅が広い一本。	とろみ素材のワイドパンツ。シャープになりすぎないのは柔らかなシルエットだから。タック入りで下半身の気になる部分をカバーしてくれます。	コーディネートを盛り上げてくれる山吹色のガウチョパンツはスカート感覚で。登場頻度は低いかもしれないけれど、長く付きあえるパンツ。
パンツ/ユナイテッドアローズ	パンツ/マカフィー	パンツ/ドゥロワー

時には、カーゴパンツを
エレガントに

カジュアルなイメージが強いカーゴパンツだけれど、黒のベルトとストラップシューズでコーディネートすればエレガントに。カゴバッグが肩の力の抜けたラフ感を加えてくれます。

———

パンツ／ユナイテッドアローズ
ニット／ジョン スメドレー
ピアス／ボン マジック
ブレスレット／ハム
リング／マルコム ベッツ
ベルト／エルメス
バッグ／シーズンスタイルラボ
パンプス／マノロ ブラニク

色も素材も柔らかな
ワントーンコーデ

ハイウエストのワイドパンツは、短めのニットでスタイルアップして。グレーのワントーンが優しさを、身体が泳ぐくらいのサイズ感が華奢さを演出してくれる女性らしいコーディネート。

———

パンツ／マカフィー
ニット／エイトン
ピアス／ルル フロスト
バッグ／ヴァジック
サンダル／ロベール クレジュリー

遊びのパンツは、
色合わせも楽しむ

華やかな山吹色のガウチョパンツこそ、グリーンのニットで色×色のコーディネートを楽しむ。忙しい朝も三角形シルエットなら悩みません。靴やバッグはブラウン系でなじませて。

———

パンツ／ドゥロワー
ニット／イザベル マラン エトワール
ピアス／イエナにて購入
時計／IWC
ブレスレット／ハム
リング／マルコム ベッツ
バッグ／パウラ・カデマルトーリ
パンプス／ジャンヴィト ロッシ

COLUMN 01

自分の写真を撮る、ということ

　ブログを始めた8年前から、ほぼ毎日自分の写真を撮っている。最初はがっかりすることもたくさんあったけれど、自分という素材を客観的に見ることに慣れ、過大な自己イメージを持つこともなくなった。そして、自分にしかないこの体型や顔立ちも、きちんと認めてあげようと前向きに逆転したのが、写真を撮ることの一番大きな効果かもしれない。この、自分の写真を撮ること、SNSのアカウントの有無にかかわらず、是非やってほしい。

　正面からだけではなく、サイドから、後ろから。色の相性や、髪型のバランス、シルエットの具合などが、手に取るようにわかる。そして、出かける前にちらりと見る鏡は、本当のことを教えてくれないことに気付くのだ。

　そして、写真を並べてみて、このコーディネートはもう二度としないほうが良いだろうとか、この小物使いがおしゃれを成功させた、などと厳しく批評してみよう。デビューしたモデルが、「人目」と「自分を客観的に見ること」でどんどん美しくなっていくことと同じ。

　自分を把握することなしに、次のステップはないと、私自身も実感している。

最近では、カメラマンの方に撮影して頂く機会が増え、その度に新たな気付きがあります。

STYLING & IDEA by NAOKO OKUSA

SNAP!
SNAP!
SNAP!

—

DENIM
SKIRT
TRENCH COAT
JACKET
DRESS
PANTS
LIGHT OUTER
T-SHIRT
BAG
SHIRT
STRIPES
BIKER'S JACKET
SWEATER
GILET
COAT
STOLE & SCARF
ON RAINY DAY
WATCH & BRACELET
HAT
VACATION
FAMILY
BACK CONSCIOUS

DENIM

01. ジレ／08サーカス、ニット／ドゥロワー、デニム／シンゾーン、ウェッジソールサンダル／クロエ　02. スカート／ザラ、ミュール／セルジオ ロッシ、バッグ／ルイ・ヴィトン　03. Tシャツ／ギャップ、デニム／サムシング、バッグ／フリークスストア　04. ブルゾン／アクネ ストゥディオズ、シャツ／シンメ、デニム／シンゾーン、パンプス／セルジオ ロッシ、バッグ／エルメス　05. ジャケット／イザベルマランエトワール、デニム／アッパーハイツ、ブラウス／カルヴェン、バッグ／ヴァレンティノ　06. ブルゾン／アクネ ストゥディオズ、ニット／ジョゼフ、デニム／シンゾーン、サンダル／サントーニ、バッグ／エルメス　07. Tシャツ／ギャップ、ジャケット／シーズンスタイルラボ、デニム／レッドカード、バッグ／ゴヤール　08. シャツ／エム マーティン、デニム／アッパーハイツ、サングラス／レイバン、バッグ・パンプス／フェンディ　09. ニット／コス、デニム／シンゾーン　10. ニット／ギャルリー・ヴィー、スカート／レッドカード、ベルト・バングル／ウィム ガゼット、ブレスレット／ハム、時計／IWC、バッグ／ソニア リキエル、サンダル／エストネーションで購入　11. シャツ／ステラマッカートニー、デニ

ム／シー、サングラス／レイバン、バッグ／ラドロー、サンダル／ピエール アルディ　12. ニット／ドゥロワー、デニム／シー　13. カットソー／ロンハーマン、デニム／シー、ウエストに巻いたスカーフ／エルメス、バッグ／シーズンスタイルラボ、パンプス／ファビオルスコーニ、サングラス／レイバン　14. ニット／ラカグで購入、デニム／アッパーハイツ、バッグ／ユナイテッドアローズで購入、サンダル／プラダ　15. ニット／ドローイングナンバーズ、デニム／ミラ オーウェン、バッグ／ラドロー　16. ジャケット／シクラス、ワンピース／クリスティンアルカレイ　17. ストール／キット アンド エース、デニム／リーバイスのリメイク、バッグ／アズディン アライア、パンプス／ミッシェル ヴィヴィアン　18. コート／エイトン、ニット／ナノ・ユニバース、デニム／シー、バッグ／J＆Mデヴィッドソン、シューズ／レペット　19. ニット・バッグ／シーズンスタイルラボ、デニム／アッパーハイツ、時計／IWC、パンプス／ジャンヴィト ロッシ　20. ニット／イエナ、デニム／レッドカード　21. トップス／ル ティロワ ドゥ ドレステリア、デニム／リーバイス

67

SKIRT

01. ブルゾン／リック オーエンス、ニット／アクネストゥディオズ、中に着たワンピース／パスカル・ミレ、バッグ／フェンディ、ブーツ／サルヴァトーレ フェラガモ　02. スカート／ロンハーマン、バッグ／ソニア リキエル、靴／エストネーション　03. ニット／ユニクロ、スカート・バッグ／ボッテガ・ヴェネタ、サンダル／プラダ　04. トップス／ザラ、スカート／ポールジィ、カーディガン／ユナイテッドアローズ、バッグ／フェンディ、シューズ／ミッシェル ヴィヴィアン　05. トップス／ロンハーマン×オーラリー、スカート／ボッテガ・ヴェネタ　06. トップス／プロエンザスクーラー、スカート／アドーア、バッグ／シャネル、サンダル

/プラダ　07. ニット/ドゥーズィエム クラス、ピアス/ボン マジック、スカート/ロンハーマン　08. スカート/リズム　09. スカート・ベルト/プラージュ
10. ニット/ギャルリー・ヴィー、スカート/海外で購入　11. ニット/ドゥロワー、スカート/トゥモローランド、ピアス/ボン マジック　12. コート/ドゥロ
ワー、ニット/プロエンザスクーラー、スカート/トゥモローランド、サングラス/アヤメ、バッグ/J&M デヴィッドソン、ブーツ/トゥモローランド

TRENCH COAT

—

01. コート／アクアスキュータム、Tシャツ／スリードッツ、ベルト・バッグ／エルメス、パンツ／ユナイテッドアローズ、パンプス／ジバンシイ　02. コート／アクアスキュータム、ニット／アームストア、スカート／トゥモローランド、バッグ／バナナ・リパブリック、パンプス／ミッシェル ヴィヴィアン　03. コート／アクアスキュータム、トップス・スカート／ブルーバード ブルバード　04. コート／アクアスキュータム、ニット／ジェームス パース、デニム／アッパーハイツ、サングラス／アヤメ、パンプス／ドリス ヴァン ノッテン　05. コート／アクアスキュータム、ニット／ユニクロ ユー、パンツ／アダム、バッグ／ピエールアルディ、ローファー／グッチ　06. コート／アクアスキュータム、ワンピース／アレキサンダーワン、ベルト／エルメス、パンプス／マノロ ブラニク、バッグ／ソニア リキエル　07. コート／アクアスキュータム、Tシャツ／ギャップ、ベルト／エルメス、バッグ／ヴァジック、シューズ／グッチ

01

02

03

04

05

06

JACKET

01. ジャケット/サヤカ デイヴィス、ニット/オーラリー、デニム/リーバイス501、ベルト/エルメス、ブーツ/セルジオ ロッシ　02. ジャケット/マルティニーク、トップス/エム マーティン、デニム/シンゾーン、バッグ/エルメス、シューズ/ジャンヴィト ロッシ、バングル/ドゥーズィエム クラス　03. ジャケット/セリーヌ、デニム/レッドカード、バッグ/ルイ・ヴィトン、シューズ/グッチ　04. ジャケット・Tシャツ・パンツ/プラステ、パンプス/フェンディ　05. ジャケット/プラージュ、ニット/ドゥーズィエム クラス、デニム/アッパーハイツ、メガネ/アイヴァン、バッグ/フェンディ、バングル/ウィム ガゼット、時計/ジャガー・ルクルト　06. ジャケット/アレキサンダーワン、トップス/カルヴェン、デニム/アッパーハイツ、サンダル/プラダ

DRESS

01. ワンピース／コス、バッグ／フェンディ　02. ワンピース／スタイル＆エディット、バッグ／3.1 フィリップ リム、サンダル／プラダ　03. ワンピース・ネックレス／アドーア、サンダル／ルパート・サンダーソン　04. ワンピース／ジャーナルスタンダードで購入、バッグ／ボッテガ・ヴェネタ、パンプス／ドリス ヴァン ノッテン　05. ワンピース／デザインワークス、ネックレス／トゥモローランド、バッグ／コーチ、サンダル／クリスチャン・ルブタン　06. ニットワンピース／エム マーティン、バッグ／ヴァジック、サンダル／エルメス、サングラス／レイバン　07. ワンピース／アズールバイマウジー、カーディガン／プラステ、バッグ／エルエルビーン、サングラス／レイバン、スニーカー／ゴールデングース　08. ドレス／マックスマーラ　09. ワンピース／スタイル フォー リビング、バッグ／カレンウォーカー、サンダル／ポール・アンドリュー　10. サングラス／レイバン、ワンピース／ヨーコ チャン、バッグ／アズディン アライア　11. ワンピース／マディソンブルー、靴／ファビオルスコーニ　12. ワンピース／エイトン、バッグ／エービー ストゥディオ　13. ワンピース／ウィム ガゼット、ベルト／イザベル

マランエトワール、バッグ/パウラ・カデマルトーリ、サンダル/ハイアン、サングラス/H&M　14. ワンピース/スリードッツ、サングラス/レイバン、サンダル/ハワイアナス　15. ワンピース/イザベルマランエトワール、ネックレス/ボン マジック　16. ワンピース/シーズンスタイルラボ、バッグ・サンダル/ジミー チュウ　17. ワンピース/スタイルノート、バッグ/ヴァレンティノ、靴/エストネーション　18. ワンピース/ザラ、ジャケット/バレンシアガ、メガネ/アイヴァン、バッグ/フェンディ、ブーツ/クロエ　19. ワンピース/デザインワークス、ブーティー/フェラガモ　20. ワンピース/ロンハーマン、ブルゾン/エレンディーク、スニーカー/コンバース、バッグ/シャネル

PANTS

01. コート／アンティグラビテ、ニット／ジバンシィ、パンツ／トゥモローランド、バッグ／フェンディ、パンプス／ジュゼッペ ザノッティ　02. ニット／フォンデル、パンツ／デミルクス ビームス、ソックス／海外で購入、パンプス／ジャンヴィト ロッシ、バッグ／フェンディ　03. ジャケット／リック オーエンス、ニット／デザインワークス、パンツ／バッカ、バッグ／フェンディ、サングラス／ビームス、シューズ／タニノクリスチー　04. コート／ルフトローブ、パンツ／スピック＆スパンノーブル、Tシャツ／ギャップ、パンプス／マノロ ブラニク　05. コート／ウィム ガゼット、ニット／ジョゼフ、ベルト／エルメス、パンツ／ユナイテッドアローズ、バッグ／ヴァジック、パンプス／ジバンシィ　06. ブラウス／バグッタ、パンツ／メゾン マルジェラ、ピアス／ボン マジック　07. トップス・パンツ・ピアス／エストネーション、カーディガン／ウィム ガゼット、時計／ジャガー・ルクルト、サングラス／ディータ、バッグ／フェンディ、サンダル／ルパート サンダーソン　08. トップス／スタニングルアー、ジャケット・パンツ／スピック＆スパンノーブル、サングラス／アヤメ、サンダル／ジャンヴィト ロッシ　09. ブラウス／

エムエム6 メゾン マルジェラ、パンツ/ビームス、バッグ/クロエ、シューズ/トゥモローランド、サングラス/レイバン　**10.** トップス・パンツ/エストネーション、サングラス/ディータ、時計/ジャガー・ルクルト、バングル/デザインワークス、バッグ/クロエ、サンダル/ジャックロジャー　**11.** パンツ/ハウント、ストール/ジョンストンズ×ハウント　**12.** ニット/コス、パンツ/ヘルシー、ピアス/ボン マジック、バッグ/エルメス、サンダル/ハイアン　**13.** ニット/ダイアン フォン ファステンバーグ、パンツ/ドゥロワー　**14.** ニット・パンツ/アドーア、シューズ/マノロ ブラニク　**15.** ニット/ドゥーズィエム クラス、パンツ/シクラス　**16.** ニット/ノット、パンツ/ザラ、バッグ/フェンディ、メガネ/アイヴァン　**17.** ニット/トゥモローランド、パンツ/ポールジェ、バッグ/ルイ・ヴィトン　**18.** ニット/デザインワークス、パンツ/ドゥロワー、サングラス/ボッテガ・ヴェネタ、バッグ/セリーヌ、パンプス/ミッシェル ヴィヴィアン　**19.** ニット/マカフィー、パンツ/3.1 フィリップ リム、バッグ/J&Mデヴィッドソン、パンプス/ジャンヴィト ロッシ　**20.** ブラウス/ドレステリア、パンツ/プラステ、バッグ/ヴァジック、サングラス/ボッテガ・ヴェネタ、靴/プラダ　**21.** ジレ/ハウント、ニット/ジェームスパース、パンツ/シーズンスタイルラボ、バッグ/J&Mデヴィッドソン　**22.** コート/ザラ、ニット/ドゥーズィエム クラス、ジレ/ハウント、パンツ/ヴェルメイユ パー イエーナ、バッグ/エルメス

LIGHT OUTER

01. アウター／ウィム ガゼット、Tシャツ／チャンピオン、デニム／ヤヌーク、パンプス／マノロ ブラニク　02. コート／マディソンブルー、ニット／プラージュ、パンツ／ドレステリア、バッグ／クロエ、サンダル／サルヴァトーレ フェラガモ　03. アウター／08サーカス、Tシャツ／ギャップ、デニム／ディーゼル、バッグ／ヴァジック、パンプス／レペット　04. コート／マディソンブルー、ニット／プラダ、スカート／エーピー ストゥディオ、サングラス／レイバン、バッグ／ボッテガ・ヴェネタ、サンダル／ポール アンドリュー　05. Tシャツ・カーディガン／ウィム ガゼット、サングラス／ボッテガ・ヴェネタ、バッグ／アズディン アライア、サンダル／ファビオルスコーニ　06. コート／マレーネ・ビルガー、サングラス／ディータ、Tシャツ／ロンハーマン、デニム／アッパーハイツ、バッグ／アズディン アライア、パンプス／サルヴァトーレ フェラガモ

T-SHIRT

—

01. Tシャツ／ギャップ、デニム／レッドカード、サングラス／プラダ　02. ジャケット／イザベルマラン、Tシャツ／ビームス　03. Tシャツ／海外で購入、スカート／エストネーションで購入、バッグ／フェンディ、サンダル／ポール アンドリュー　04. Tシャツ／スリードッツ、スカート／マルティニーク、サングラス／レイバン、バッグ／アドーア、サンダル／ファビオルスコーニ　05. Tシャツ／ウィム ガゼット　06. Tシャツ・パンツ／ウィム ガゼット、ハット／ドローイングナンバーズ、サングラス／レイバン、ピアス／フォーエバーマーク、バングル／ドゥーズィエム クラス　07. Tシャツ／プチバトー、デニム／シンゾーン、サングラス／プラダ　08. Tシャツ／ウィム ガゼットで購入、ワンピース／ヘルムートラング、サングラス／レイバン、バッグ／フェンディ、スニーカー／アディダス×ステラ マッカートニー

BAG

01. コート／ギャルリー・ヴィー、ニット／イネド、パンツ／ポールジィ、サングラス／ディータ、バッグ／フェンディ、スニーカー／ニューバランス 02. コート／ギャルリー・ヴィー、Tシャツ／ジェームス パース、パンツ／バッカ、バッグ／ロエベ 03. フードつきのベスト／ロレーナアントニアッツィ、バッグ／J&Mデヴィッドソン 04. コート／アンティグラビテ、ニット／ジバンシィ、バッグ／フェンディ 05. コート／バッカ、スカート／ヌメロヴェントゥーノ、タイツ／カルバンクライン、バッグ／フェンディ、パンプス／ジャンヴィト ロッシ 06. デニム／ヤヌーク、バッグ／エルメス、ブーツ／ソレル 07. ジャケット／マカフィー、ニット・パンツ／ドゥーズィエム クラス、サングラス／レイバン、バッグ／マルティニーク、パンプス／プラダ 08. コート／ロゥタス、ワンピース／フローレント、サングラス／ディータ、バッグ・パンプス／アズディン アライア 09. トップス／セオリーリュクス、スカート／ロンハーマン、ストール／ファリエロ・サルティ、バッグ／プラダ、シューズ／セルジオ ロッシ 10. ニット・パンツ／ドゥーズィエム クラス、バッグ／トゥモローランド、コート／海外で購入 11. カット

78

ソー／ブラージュ、デニム／レッドカード、バッグ／ルイ・ヴィトン、パンプス／ジミー チュウ、時計／IWC、ブレスレット／ハム　**12.** コート／マディソンブルー、デニム／マウジー、バッグ／シーズンスタイルラボ、ソックス／ブルーフォレ、シューズ／レペット　**13.** ニット／ミラ オーウェン、パンツ／プラステ、サングラス／プラダ、バッグ／ヴァジック、サンダル／ピエールアルディ　**14.** ジャケット／J.クルー、バングル（上から）／J.クルー、マルコム・ベッツ、ティファニー、バッグ／ザラ　**15.** トップス・パンツ／エストネーション、サングラス／ディータ、時計／ジャガー・ルクルト、バングル／デザインワークス、バッグ／クロエ　**16.** Tシャツ／ジェームス パース、デニム／レッドカード、サングラス／レイバン、時計／ジャガー・ルクルト、バッグ／フェンディ、シューズ／ジュゼッペ ザノッティ　**17.** ニット／ミラ オーウェン、スカート／サムシング、サングラス／レイバン、バッグ／ハンティングワールド、パンプス／ヴァレンティノ　**18.** カットソー／ロンハーマン、デニム／シー、ウエストに巻いたスカーフ／エルメス、バッグ／シーズンスタイルラボ

79

SHIRT

01. シャツ／オールドイングランド、デニム／アッパーハイツ、バッグ／J&Mデヴィッドソン、シューズ／サルトル　02. シャツ／マディソンブルー、スカート／マルティニーク　03. シャツワンピース／グッチ、ブレスレット／ドゥーズィエム クラス　04. シャツ／マディソンブルー、デニム／ヘルシー、バッグ／ルイ・ヴィトン、サンダル／ハイアン　05. シャツ／マディソンブルー、デニム／ヤヌーク、バッグ／J&Mデヴィッドソン、サンダル／ロートレショーズ　06. シャツ／エキップモン、デニム／ミラ オーウェン

STRIPES

01. ニット／プラステ、パンツ／エービー ストゥディオ　02. ジャケット／マディソンブルー、Tシャツ／ザラ メン、デニム／レッドカード、サングラス／レイバン　03. ジャケット／ブラージュ、ニット／ドゥーズィエム クラス、デニム／アッパーハイツ、バングル／ウィム ガゼット、時計／ジャガー・ルクルト　04. カットソー／ブラージュ、デニム／レッドカード、サングラス／ディータ、バッグ／ルイ・ヴィトン、パンプス／ジミー チュウ、時計／IWC、ブレスレット／ハム　05. カットソー／ブラージュ、パンツ／ハウント、ストール／ジョンストンズ、バッグ／J&Mデヴィッドソン、靴／エーエムビー、帽子／ビューティ＆ユース ユナイテッドアローズ　06. ワンピース／スリードッツ、バッグ／ロンシャン

BIKER'S JACKET

01. ブルゾン/バレンシアガ、ニット/プロエンザ スクーラー、スカート/ロンハーマン、バッグ/フェンディ、ブーツ/クロエ　02. ブルゾン/リック オーエンス、ニット・パンツ/ドゥーズィエム クラス　03. ブルゾン/バレンシアガ、トップス/ザラ、パンツ/ドレステリア、サングラス/レイバン、バッグ/フェンディ　04. ブルゾン/バレンシアガ、ニット/ドゥーズィエム クラス、スカート/トゥモローランド、バッグ/アズディン アライア、ブーツ/クロエ　05. ブルゾン/バレンシアガ、デニム/ロンハーマン、サングラス/ビームスボーイ　06. ブルゾン・デニム/アッパーハイツ、ストール/ジョンストンズ、バッグ/フェンディ、ブーツ/チャーチ　07. ブルゾン/アッパーハイツ、ニット/プロエンザ スクーラー、スニーカー/アディダス×ステラマッカートニー、バッグ/メゾン マルジェラ　08. ブルゾン/バレンシアガ、ニット/ドゥーズィエム クラス、パンツ/ドレステリア、バッグ/マルティニーク、パンプス/マノロ ブラニク　09. ブルゾン/リック オーエンス、ストール/ジョンストンズ、ワンピース/ロンハーマン、バッグ/3.1 フィリップ リム、シューズ/エーエムビー　10. ブルゾン・バッグ

/バレンシアガ、ニット/ドゥーズィエム クラス、スカート/ザラ、靴/ミュウミュウ　**11.** ブルゾン/アッパーハイツ、ブラウス/エルフォーブル、デニム/サムシング、バッグ/ヴァジック　**12.** ブルゾン/アッパーハイツ、ワンピース/マディソンブルー、シューズ/グッチ、バッグ/アズディン アライア、メガネ/アイヴァン 7285　**13.** ブルゾン/アッパーハイツ、Tシャツ/ウィム ガゼット、スカート/マルティニーク、サングラス/レイバン、バッグ/アドーア、サンダル/ファビオルスコーニ　**14.** ブルゾン/アッパーハイツ、ワンピース/ロンハーマン、バッグ/コーチ、パンプス/マノロ ブラニク　**15.** ブルゾン/アッパーハイツ、Tシャツ/ヘインズ、パンツ/ウィム ガゼット、バッグ/フェンディ、パンプス/ジバンシィ　**16.** ブルゾン/アッパーハイツ、ワンピース/ボーダーズアットバルコニー

SWEATER
—

01. ニット／ドローイングナンバーズ、人差し指のリング／マルコム ベッツ、ネックレス／フェスタリア ビジュソフィア　02. ニット／バグッタ　03. ニット／ドゥーズィエム クラス、付け襟／ナノ・ユニバース、デニム／シー、バッグ／J&Mデヴィッドソン　04. ニット／アクネ ストゥディオス、シャツ／フレーム、パンツ／トゥモローランド、バッグ／J&Mデヴィッドソン　05. ニット／フォンデル、ピアス／ガス ビジュー　06. コート／ギャルリー・ヴィー、ニット／アームストア　07. ニット／コス、パンツ／ヘルシー、ピアス／ボン マジック　08. ニット／プラステ　09. ニット／ドゥーズィエム クラス　10. ニット／ドゥーズィエム クラス、メガネ／アイヴァン 7285　11. ニット／ファクトリエ、デニム／アッパーハイツ、ピアス／ボン マジック

GILET

01. ニット/ドゥロワー、ジレ/ロレーナ アントニアッツィ、パンツ/マカフィー、バッグ/ロエベ、スニーカー/ニューバランス　02. コート/エイトン、ニット/アンタイトル、ジレ/シーズンスタイルラボ、パンツ/ジョゼフ、バッグ/エディションで購入、ブーツ/トゥモローランドで購入　03. ジャケット/アッパーハイツ、ジレ/マルニ、パンツ/ドゥロワー、バッグ/ゴヤール、ブーツ/トゥモローランド、キャップ/ウィム ガゼット、サングラス/プラダ　04. コート/ユニクロ、ジレ/08サーカス、パンツ/ジョゼフ、バッグ/ラドロー、ブーツ/バリン、ストール/ジョンストンズ×ハウント、グローブ/コス　05. Tシャツ/ヘインズ、ジレ/トゥモローランド、パンツ/メゾン マルジェラ、バッグ/エルメス、パンプス/ジャンヴィト ロッシ、時計/ジャガー・ルクルト　06. コート/ミュウミュウ、バッグ/J&Mデヴィッドソン、ジレ/08サーカス、シューズ/レペット　07. ニット・スカート・ジレ/シーズンスタイルラボ、バッグ/エディションで購入、ソックス/ドゥロワーで購入、スニーカー/ニューバランス

COAT

01. コート／ギャラリー・ヴィー、ニット／セオリーリュクス、ベスト／ロレーナ アントニアッツィ、パンツ／リーバイス、グローブ／ウィム ガゼット、バッグ／メゾン マルジェラ、シューズ／ジャンヴィト ロッシ 02. ブルゾン／エレンディーク、ブラウス／ラカグで購入、デニム／アズールバイマウジー、パンプス／ジャンヴィト ロッシ、バッグ／シーズンスタイルラボ 03. ダウンジャケット／カナダグース、ニット／ドゥロワー、パンツ／ユニクロ、帽子／イネス×ユニクロ、バッグ／エルエルビーン、ブーツ／ソレル 04. コート／ドゥロワー、ニット／無印良品、パンツ／伊勢丹オリジナル 05. コート／デ・プレ、ワンピース／ルシェルブルー、バッグ／フェンディ、ストッキング／ICHIRYO、パンプス／ジャンヴィト ロッシ 06. マントコート／エイチ ビューティ＆ユース、ブルゾン／アッパーハイツ、グローブ／カール ドノヒュー、スカーフ／エルメス、ニット／シェル、パンツ／ドゥロワー、サングラス／レイバン 07. コート・バッグ／フェンディ、パンツ／メゾンマルジェラ、ピアス／ボン マジック、パンプス／マノロ ブラニク 08. コート／エイトン、ニット／フォンデル、パンツ／ドレステリア、サングラス／ブ

ラダ、シューズ/グッチ　**09.** コート/フェンディ、ニット/フォンデル、レザーパンツ/ジョゼフ、バッグ/ボッテガ・ヴェネタ、ブーツ/クロエ　**10.** コート/エイトン、カーディガン/iCB、ワンピース/イザベルマランエトワール、ニット/フォンデル、バッグ/ヴァジック、ブーツ/ミシェル ヴィヴィアン　**11.** コート/ギャルリー・ヴィー、ニット/ザラ、スカート/ドゥロワー、バッグ/フェンディ、ブーツ/トゥモローランド　**12.** コート/エイトン、ニット/アンタイトル、ベスト/シーズンスタイルラボ　**13.** コート/バッカ、ニット/エイトン、スカート/オーラリー、タイツ/ICHIRYO、バッグ/エディションで購入、パンプス/ピエール アルディ　**14.** コート/エイトン、Tシャツ/ジェームスパース、カーディガン/3.1 フィリップ リム、デニム/レッドカード×シーズンスタイルラボ、パンプス/ジャンヴィト ロッシ　**15.** ブルゾン/グッチ、ニット/シェル、パンツ/ドゥロワー、バッグ/3.1 フィリップ リム、ブーツ/トゥモローランド　**16.** ニット・コート/ドゥロワー、デニム/ドゥーズィエム クラス、バッグ/エルメス、靴/グッチ

87

STOLE & SCARF
—

01. ニット／ロンハーマン、ストール／ジョンストンズ、ピアス／ボン マジック　02. コート／エイトン、ブルゾン／バブアー、ストール／エルメス、サングラス／H&M　03. ブルゾン・デニム／アッパーハイツ、Tシャツ／レミ・レリーフ、ストール／ドゥロワーで購入、バッグ／マルニ、時計／シチズン クロスシー　04. ニット／プロエンザ スクーラー、サングラス／プラダ、スカーフ／シーズンスタイルラボ　05. ストール／マザーハウスのオリジナルカシミヤ　06. コート／アクアスキュータム、ストール／ジョンストンズ、スカート／ボールジィ、パンプス／ミッシェル ヴィヴィアン　07. トップス／ラジャンス、スカーフ・バッグ／エルメス、デニム／フォンデル、帽子／ドローイングナンバーズ　08. トップス／ラジャンス、パンツ／サムシング、ストール／ファリエロ サルティ、シューズ／ポルセリ

ON RAINY DAY

01. ダウンジャケット／カナダグース、ニット／クロエ、パンツ／ジョゼフ、バッグ／ピエールアルディ、レインブーツ／ジバンシィ、グローブ／ユニクロ、傘／エストネーション　02. ベスト／ウィム ガゼット、ニット／ロンハーマン、パンツ／ビームス、シューズ／チャーチ、傘／銀座三越で購入　03. コート／ゼンパッハ、バッグ／フェンディ、パンプス／ドリス ヴァン ノッテン、傘／トラディショナル・ウェザーウェア　04. ジャケット／バブアー、ストール／ファクトリエ、デニム／ミラ オーウェン、バッグ／ヴァジック、スニーカー／ゴールデングース、傘／トラディショナル・ウェザーウェア　05. コート／アクアスキュータム、パンツ／アダムス、靴／ア・テストーニ、傘／銀座三越で購入　06. コート／カール ドノヒュー、レザーパンツ／ジョゼフ、キャップ／ユニクロ、バッグ／J&Mデヴィッドソン、ブーツ／ソレル

89

WATCH & BRACELET
—

01. 時計・バングル／ティファニー、石のリング／インモノクローム、バッグ／アズディン アライア、ストール／キット＆エース　02. ジャケット／バレンシアガ、ニット／プロエンザ スクーラー、バッグ／フェンディ、レザーのブレスレット／エルメス、シルバーのブレスレット／ハム、テニスブレスレット／ノーブランド　03. ニット／ジョゼフ、ベルト／エルメス、パンツ・バングル〈3本セット〉・右手のリング／ユナイテッドアローズ、バッグ／ヴァジック　04. ジャケット／マカフィー、パンツ／ドゥーズィエム クラス、時計／シチズン クロスシー、ブレスレット／ハム　05. ブレスレット／アポリス　06. ワンピース／スピック＆スパンノーブル、時計／カールF.ブヘラ、ブレスレット／ハム　07. デニム／レッドカード、時計／IWC、ターコイズのバングル／パリで購入、ブレスレット／ハム、コードブレスレット／ヒロタカ　08. シャツ／エム マーティン、デニム／アッパーハイツ、バッグ／フェンディ、時計／ジラールペルゴ、ブレスレット／ハム、バングル／ユナイテッドアローズ　09. スカート／ロンハーマン、レザーのブレスレット／ドゥーズィエム クラス、チェーンのブレスレット／ハム

HAT

01. トップス／バッカ、パンツ／ドゥロワー、ハット／ユナイテッドアローズ、サンダル／ロートレショーズ 02. ニット／ユリパーク、ハット／ユージーン 03. ハット／スピック＆スパンノーブル、サングラス／ザラ、Tシャツ／J.クルー 04. ハット／カシラ、ニット／アンタイトル、パンツ／マルティニーク、バッグ／クロエ 05. ハット・ニット／LAで購入、バングル／エルメス 06. カフタン／ルル・ヤスミン、ハット／フェデリカ・モレッティ

VACATION

01. ワンピース／マリハ、バッグ／J&Mデヴィッドソン、サンダル／ハイアン、バングル／ティファニー　02. カフタン／バリのセミニャックで購入、バッグ／ロンシャン、ビーチサンダル／ハワイアナス　03. ドレス／バナナ・リパブリック　04. ドレス／プッチのヴィンテージ　05. ドレス／ウィム ガゼット　06. オールインワン・ベルト／ブラージュで購入　07. ワンピース／ジェームスパース　08. ポンチョ／アメリカンイーグル、バッグ／ロンシャン、ハット／ニューヨークで購入、水着／スペインのランジェリーブランドのもの　09. ワンピース／ニューヨークのセレクトショップで購入、バッグ／ヘレンカミンスキー、サンダル／ハワイアナス　10. ワンピース／ジェームスパース、ストール／ファリエロ サルティ、サンダル／ハイアン　11. トップス／エキップモン、デニム／ア

92

ズールバイマウジー、ハット/ノーブランド、バッグ/シャネル、シューズ/レペット　12. ワンピース/ソレイアード、ベルト/フォルテ フォルテ、バッグ/ヘレン カミンスキー　13. トップス/スタニングルアーで購入したインポートもの、バッグ/ヘレンカミンスキー、サンダル/ジャック ロジャース　14. ニット/プラ ダ、パンツ/プラステ、ハット/ノーブランド　15. 水着/ハワイで購入

FAMILY

01. コート／ボッテガ・ヴェネタ 02. コート／アクアスキュータム、パンプス／セルジオ ロッシ 03. コート／デ・プレ、ワンピース／ルシェルブルー、バッグ／フェンディ、ストッキング／ICHIRYO、パンプス／ジャンヴィト ロッシ 04. ジャケット／アッパーハイツ、セットアップ／ヴィア バス ストップで購入 05. キャミソール／海外で購入 06. タンクトップ／プラージュ、パンツ／ヘルムートラング、バッグ／ソニア リキエル、靴／セルジオ ロッシ 07. ワンピース／ジェームスパース、シャツ／マディソンブルー 08. ニット／ボーダーズアットバルコニー、デニム／トムウッド×ナノ・ユニバース、バッグ／フェンディ 09. 帽子／アシーナ ニューヨーク 10. コート／デ・プレ、ニット／タカシマヤ、スカート／シーズンスタイルラボ【マヤ】ライダース・デニム／ザラ キッズ 11.

94

デニム／ギャップ キッズ、サンダル／ビルケンシュトック　12. ブラウス・パンツ・サンダル／ケイト・スペード ニューヨーク【マヤ】ワンピース／ケイト・スペード ニューヨーク　13. ニット／ジェームスパース　14. トップス／ビームス、デニム／ザラ キッズ　15. ニット／シェル　16. ドレス／パリで購入、バッグ／ヘレンカミンスキー　17. Tシャツ／トゥモローランド　18. ドレス／CHRISTY DAWN、サンダル／ハイアン【リオ】シャツ／フィナモレ、パンツ／ラルフ ローレン　19. シャツ・パンツ／ラルフローレン　20. シャツ／トゥー イレブン、デニム／レッドカード、バッグ／ルイ・ヴィトン【マヤ】シャツ／トゥー イレブン

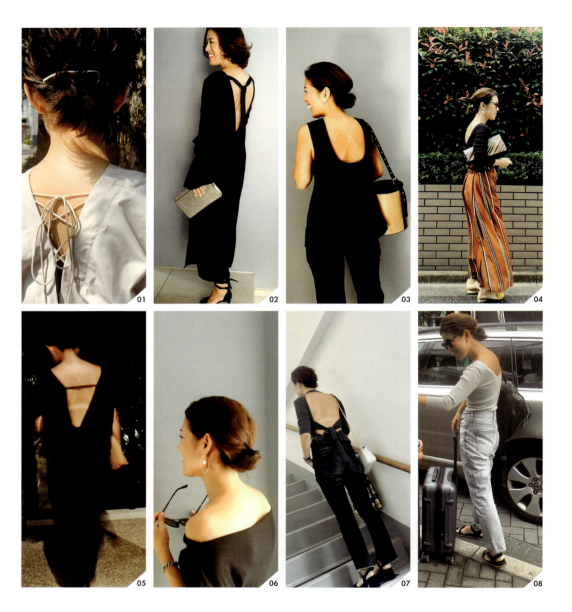

BACK CONSCIOUS

01. ブラウス／ナノ・ユニバース　02. ドレス／バーニーズ　ニューヨーク　03. トップス／バッカ、デニム／ミラ オーウェン、バッグ／ヴァジック　04. ニット／プラダ、スカート／ユナイテッドアローズ、バッグ／ボッテガ・ヴェネタ、サンダル／ポール・アンドリュー、サングラス／レイバン　05. ドレス／ニューヨークで購入、バッグ／ヘレンカミンスキー　06. カットソー／海外で購入、ピアス／ヒロタカ、サングラス／アヤメ　07. トップス／エアロン、デニム／アズールバイマウジー、靴／プラダ　08. カットソー／ウィム ガゼット、デニム／アッパーハイツ、サンダル／ジルサンダー、リュック／レスポートサック、スーツケース／リモア

COLUMN 02

シーンがスタイリングを鍛えてくれる

　30代では母親としてのシーンが。40代になってからは、今までにはなかったオフィシャルな場面が、間違いなく私のおしゃれを前進させてくれた。妊娠中のマタニティファッションはシャツやロングワンピースのコーディネートを。子供たちが学校に通うようになってからは、久しぶりにネイビーのスーツの着こなしを、結果学び直したと思う。

　オフィシャルな会議やイベント、講演、式典、会合は、これまで私の日常にはなかった予定。ファッションメディアで働く人間としての華やかさはもちながら、きちんと感はキープし、しかも自分の印象を間違うことなく相手に伝えるファッションを心がけた。

　もちろんほかにも、仕事の関係者の結婚式や、お世話になった人のお悔やみの席なども含まれる。こうした制約やルールを、「いやいや実践するのか」「その中で工夫をしようとするのか」で、おしゃれの偏差値は間違いなくアップダウンすると思う。着なくてはいけない色やデザイン、素材を、誰のため？　何のため？　どんなシーンのため？　とまっ先に考えると、実はとてもクリアに、楽になる。そして、こうした様々な新しいTPOが今なお、自分に出現することをありがたいと思っている。

mi-molletのトークイベントでは、季節感と品の良さを意識した装いで。

ハット／レナード ブランク
ニット／ジョン スメドレー
ジャケット／シクラス
ピアス／ボン マジック
人指し指のリング／マルコム ベッツ
薬指のリング2本／ノーブランド
ブレスレット／ハム

STYLING & IDEA by NAOKO OKUSA

HAT

顔に陰影を作る、ハットの威力を知る

つばの広いハットは、女性の顔、特に横顔に陰影を作ってくれる「美人アイテム」。シャドウ使いやチークの入れ方がいくら上達しても、ハットがクリエイトするドラマティックな凹凸には敵わないと思う。急に挨拶が必要になる場面や、混雑した電車の中では邪魔になるから、かぶる時間帯とタイミングは、とても繊細に計るべき。けれど、ここぞというときに、ハットの力に頼るようにしている。「寝癖隠し」など、とんでもない。髪をゆるやかに巻き、首筋に少しおくれ毛が残るように——と、ハットをかぶるときは、いつも以上に細やかな計算が必要。その効果は、かけた分の手間に絶対に値するから。

左下： LAで買ったハットは、大きくクロスしたリボンがお気に入り。ミルクティーのような色合いは、顔に落ちる影も優しげ。

ハット／レナード ブランク

右上： テンガロンと中折れ帽の中間のようなハット。女性らしい服にも、男性っぽい服にもよく合うのはユニセックスだから。

ハット／ラローズ・パリ

STYLING & IDEA by NAOKO OKUSA
WITH PARTNER

パートナーとコーディネートは、
何かひとつリンクしていれば良い

パートナーとのカップルコーディネートは、テイスト、色、素材などが、どこかリンクしていれば、それで良いと思う。同じモチーフやデザイナーを着る必要はなく、一緒にいて、どこかお互いをケアしている、そしてこの時間を楽しんでいる、という気持ちが伝われば充分。夫はいつも、出かけるときに「何を着るか」私にまず尋ねる。そしてさりげなく、私のほうが目立つように調整してくれるのだ。例えば、私がオレンジのパンツが主役のスタイリングならば、自分はネイビーと黒でまとめて、首元に小さくオレンジを配置する――といったように。

夫：
ジャケット、パンツ／
ともにアッパーハイツ
ストール／アルテア
メガネ／レイバン
スニーカー／アディダス

私：
コート／海外にて購入
ニット／ジョン スメドレー
パンツ／ドゥロワー
ソックス／ノーブランド
ピアス／ポン マジック
バッグ／シャネル
靴／レペット

「私のオレンジ」に
「彼のストール」をリンク

全く同じ何かを共有するのではなく、どこかテイストが似通っている、もしくは「小さな色のリフレイン」があるのが、大人のカップルコーディネートにはちょうどいいバランスです。着こなしのアイキャッチは、2人に共通するオレンジ。

STYLING & IDEA by NAOKO OKUSA

7DAYS COORDINATE F/W

「ベーシック」「つなぎ」「遊び」があれば、着回しは自在。秋冬のワードローブの揃え方と7日間コーディネート

ややハードな黒をベースに、重ねる柄や素材を計算して表情豊かに

P30~37の春夏のワードローブでも紹介したように、秋冬もまず、おしゃれの核になり、その季節の自分の気持ち、方向性を支える「ベーシック」をセレクト。次に季節と季節、色と色、シーンとシーンをブリッジする「つなぎ」。気分のままに選ぶ「遊び」のアイテムを。今の私は、たとえばコレクションに集まるファッションエディターのような「少しだけハードな要素を取り入れたアクティブな人の黒」が「ベーシック」。いつからか顔立ちや体つきが優しく丸くなり、黒の強さ、個性がしっくりくるようになったのだ。柄は単調になりがちな色の組み合わせやテイストの違うアイテムの「つなぎ」としてうまく活用したい。カシミヤストールやアンクルブーツは幅広く季節をまたいで使える。「遊び」には季節感をはずしたサンダルやカゴバッグを投入。全体を通して、カシミヤ、レザー、ウール、コットン、ファー、スエードと、素材のバリエーションを豊かに、知的な光沢、けば立った暖かな質感、幸せそうな柔らかさなどを、想像力をもって重ねていくことが大切になってくる。

春夏のワードローブの揃え方と7日間コーディネート → P30 － P37へ

A — G

ベーシック

秋冬の気分や方向性を支える「ベーシック」。"少しだけハードな要素を取り入れたアクティブな人の黒"をテーマに。素材のクオリティが出る色だからこそ、「上質な黒」をセレクト。あとは、どんな色とも組み合わせが利く、グレーやカーキも加えて、アクティブでクールな黒スタイルを。

A 様式美にのっとった、黒のライダース

もちろんアウターとしても使えるし、インコートの一枚としても。甘辛のバランスもとりやすい。

ライダースジャケット／アッパーハイツ

B カジュアルの格を上げる、上等のバッグ

カジュアルを大人にふさわしい格のあるものにしてくれるバッグは、秋冬こそ必須のアイテム。

バッグ／フェンディ

C クラシカルとモード。両面あるパンプス

アンクルストラップでスエード素材の黒パンプスは、様々なテイストを1つにまとめてくれる。

パンプス／ジャンヴィト ロッシ

D 主役にも脇役にもなれる、黒のタートル

背景にも主役にもなるから、マストハブなのが、黒のタートル。リブではなく、天竺編みが◎。

タートルニット／ジョン スメドレー

E シーンを選ばない、王道カーゴパンツ

少し光沢がある素材だから、カジュアルはもちろん、少しドレスアップしたいときにもぴったり。

パンツ／ユナイテッドアローズ

F 短め丈が新鮮。永久定番のグレーニット

大定番のグレーのニット。だからこそ、毎シーズン、形や丈、素材を吟味。今は、少し短めが新鮮。

ニット／オーラリー

G シーズン問わず活躍するグレーデニム

グレーの濃淡が美しいデニムは下半身を立体的に美しく見せてくれる。シーズン問わず合わせやすい。

デニム／アッパーハイツ

H—M

つなぎ

柄のワンピースやチェックのコートは、無地のアイテム同士をつないでくれる存在。ブラウスやストール、また、タイツでも素足でもいけるアンクルブーツは、季節と季節をブリッジしてくれる、優秀なアイテム。チェーンバッグはカジュアルに転びすぎたコーディネートをきれいめにまとめてくれる。

H 大きな気温差を埋める、カシミヤストール

肉厚のカシミヤストールは夏の終わりから、春まで使える。無地でなくチェック柄なのもポイントに。

ストール／ジョンストンズ

I ボトムスを選ばない、アンクルブーツ

秋口は素足で、冬はタイツと。2つの季節をまたぐのは、こんなスエードのカラーブーツ。季節の狭間にも。

ブーツ／セルジオ ロッシ

J 光と清潔感のための白ブラウス

冬は一枚で着ることはなくても、襟やカフスで、白いという光と、冬に足りない清潔感をプラス。

ブラウス／フレーム

K 黒がベースの、プリントワンピース

黒が土台のプリントワンピース。黒のアイテムに寄り添い、アイテム同士をコネクトしてくれる。

ワンピース／エイチ ビューティ＆ユース

L 単調な無地同士をつなぐチェックのコート

大きなチェックのチェスターコート。無地のアイテム同士をつないで、華やかに見せてくれる一枚。

コート／ザラ

M 持ち方で印象が変わる、小さなチェーンバッグ

バッグは持ち方で、スタイリングの印象を変える。斜め掛けでも肩から掛けても。2色使いで合わせやすい。

バッグ／シャネル

N—R

遊び

遊び心のあるファーのジレ、気ままに選んだブドウ色のニットカーディガン、日常着としては意外性のあるシルクワンピースはもちろん、「秋冬」という季節感から大きくはずれたものもここに。例えば春夏でも使ったサンダルやカゴバッグは、まさに、「遊び」にカテゴライズする典型的な例。

N 上手にはずせる、スエードのサンダル

夏は素足で履いていたもの。秋冬はソックスや厚手のタイツと合わせて、足元に軽やかさと遊びを演出。

サンダル／プラダ

O ウールやカシミヤを、華やかにするファー

この毛足の長さが、ウールやレザー、カシミヤなどの素材に華やかさと立体感を生み、チャーミングな印象に。

ジレ／ハウント

P 温かな素材に、軽快なカゴバッグ

ウォーミーな素材は重たくなりがちだから、カゴバッグの軽快さが必要。あえて冬に「遊び」で投入。

カゴバッグ／シーズンスタイルラボ

Q ブドウ色のマキシ丈カーディガン

色や素材はもちろん、マキシ丈が、オーソドックスなアイテムを個性豊かに見せてくれる。

カーディガン／エイチ ビューティ＆ユース

R 光沢が必須。シルクワンピース

マットになりがちなスタイリングに、光沢、という「遊び」を投入したいから、シルクのワンピースを。

ワンピース／フレーム

Day 1

B + C + D + E + H + L

メンズを参考に、渋い着こなしに

ニットとパンツだけだと、シンプルすぎるスタイリングも、チェック柄のコートとストールが、無口な色同士をつないで、全体的に華やかに見せてくれる。時には、メンズの着こなしを参考に。

メガネ／アイヴァン 7285
ピアス／ボン マジック
ブレスレット／ハム

Day 2	Day 3	Day 4

M + N + Q + R	A + E + F + H + I + P	F + G + J + N + O + P
黒のシルクにニットを羽織って。冬のカジュアルドレスアップ	秋と冬の間、カシミヤストールがあれば	グレーの全身をファーのジレで暖かく
デコルテや首の素肌を出し、ニットの下にあえてシルキーな薄手の素材を選ぶことで、大人の艶っぽさを表現する。バイカラーのバッグでコントラストの強い2色をつないで。	秋の終わり。まだ、コートを着るほどではないけれど、風が冷たく感じられる時期は、こんな組み合わせ。黒ではなくバーガンディ色のブーツ、レザーでなくカゴバッグを。	少し冷たい印象になりがちな、グレーと白のコーディネートの温度を上げるのは、ファーのジレ。ファーと真逆の季節感のカゴバッグとサンダルを合わせて印象的に。
サングラス／プラダ、ネックレス／リコ バイ ミズキシンカイ	ベルト／海外にて購入、バングル［太］／エルメス、バングル［細］／ティファニー、時計／シチズン、ソックス／ノーブランド	時計／ジャガー・ルクルト、ソックス／ノーブランド

Day 5	Day 6

A + D + K + N + P	**D + G + I + L + M + O**
プリントが 冬の地味を救ってくれる	素材の表情を、 重ねる楽しみ
黒がベースだから、ベーシックアイテムと相性が良い上に、新たな表情を引き出してくれるワンピース。カゴやサンダルといった、あえて季節感を外したもので、個性をプラス。	秋冬の醍醐味は、様々な素材の合わせの妙を楽しむこと。ニットとデニムだけだとフラットな印象だが、ファーのジレの質感が華やかさとチャーミングな印象をプラスしてくれる。
サングラス／アヤメ、ブレスレット／ヴィンテージ、ソックス／無印良品	グローブ／海外にて購入

Day 7

G + J + N + P + Q

定番デニムを、
色と丈で今っぽく

私のスタイルの定番であるデニムは、着こなし方で今年らしくアップデート。こっくりとしたパープルの、しかも超マキシ丈のカーディガンとサンダル、カゴバッグがあれば、新鮮な印象に。

ピアス／ボン マジック
サングラス／アヤメ
ソックス／ノーブランド

STYLING & IDEA by NAOKO OKUSA

STOCKINGS

ストッキングで、
素足をドレスアップ

ストッキングは、私にとって「何となくはくもの」ではなく、色と素材、もしかしたら影なんていうものをプラスするための小物。小さな部分であっても、光沢のあるなしや、肌に重ねた時の絶妙な色出しがものを言うので、いつも何足かストックしている。ナチュラルカラーは仕事柄はく機会がないから、たいていがグレーのバリエーションと黒。素足にうっすらと墨を刷いたような、陰影ができるのが、色っぽく華やか。デニール数によって、そこまではっきりと色が出ないものもあるので、ナチュラルカラーの代わりに使っても。こうした小物が常にそばにあれば、すなわちそれは、朝のコーディネートのストレスが減ることになる。

透明感が美しい8デニールのストッキング。写真で着用しているのもコレ。脚のラインに沿ってできる陰影が歩く姿をドラマティックにしてくれます。

ストッキング／ピエールマントゥー（ステッラ）

繊細に編み上げられたとても上質なストッキング。素肌が透ける透明度だから、黒やグレーでもナチュラルストッキングの代わりとして使えます。

ストッキング／エクスエール（アツギ）

抜群の透明感にもちろん、優しいフィット感でストレスなくはけます。紹介した3枚の中でも手に取りやすい値段だからストック分も一緒に。

ストッキング／ランバンコレクション（グンゼ）

ストッキング／ピエールマントゥー（ステッラ）
ワンピース／フレーム
パンプス／マノロ ブラニク

STYLING & IDEA by NAOKO OKUSA
WEDDING

お祝いの気持ちが、結婚式のドレスコード

ありがたいことに、何度か友人知人の結婚式に招待してもらい、わかったことがある。結婚式はあくまでも新郎新婦と、その家族のものである、ということ。そして、一番優先しなくてはいけないのは、お祝いの気持ち。嬉しい、幸せになってほしい、招待してくれてありがとう──こんな思いを映すのは、きっと黒ではないはず。だから、私のお呼ばれ服は、ピンクベージュやイエロー、ブラウンなど、黒以外。こうした非日常のシーンは、自分の立場と、どういう会か、という基本に戻ることが大切。

at Hotel

格式高い式は、シルクのワンピースで

いろいろな世代、立場の方が集まるホテルや式場での結婚式には、シルク素材のピンクベージュのワンピースで。ヌーディな色は暗い照明の下でもきれいに映えるから。グリーンの靴とラメのクラッチを合わせて。

ワンピース／ヌメロ ヴェントゥーノ、ピアス／ガス ビジュー、バッグ／ジミー チュウ、シューズ／アレクサンドレ バーマン

at Restaurant

at Garden

アットホームな式は、靴とバッグで盛装に

日常と非日常の間のようなレストランウェディングには、クラシックなドット柄のワンピースを。すらりと見せてくれるシルエットで、立ち姿も、座り姿もきれいに。普段も着られるワンピースだから、靴とバッグはパーティ仕様で。

ワンピース/マーク ジェイコブス、ブレスレット/ヴィンテージ、バッグ/ソニア リキエル、パンプス/マノロ ブラニク

陽の光を感じる式には、カジュアルな素材を

肩の力を抜いて楽しんでほしい。きっとそういう想いで開かれたガーデンウェディング。そんなシチュエーションにはコットンなどのカジュアルな素材を。グリーンに映えるサフラン色のワンピースと、芝生に刺さらない太ヒールで。

ワンピース/シーズンスタイルラボ(新宿髙島屋ファム・メゾン 5階 シーズンスタイルラボ)、サングラス/アヤメ、バッグ/ボッテガ・ヴェネタ、シューズ/メグミオチ

STYLING & IDEA by NAOKO OKUSA
GIFT & LETTER

「使って良かったもの」を
贈るように

婦人会と呼んでいる、同性の友人同士の食事会や、クライアントに招待されたディナーなど。相手が気を遣わないくらいの、ささやかなギフトを持っていくことが、実は自分の楽しみだったりする。根っからの編集者気質で、「これ使って良かったよ、使ってみて！」と、自分のお気に入りを持参。その後、「この間頂いたもの、すごく気に入った」と言われたら最高。会が終わった後も、会話が続いているようで、私が幸せになるのだ。

死海塩100%のバスソルト。身体を芯から温めて、血行を促進し、一日の疲れを取ってくれます。
BARAKA ジョルダニアン デッドシーソルト 500g／バラカ（バラカ）

ローズマリーとラベンダーの香りで、癒やしのバスタイムに。オイルのベールで肌もしっとり。
ディフュージョン バス オイル 100ml／ホイヘンス（ホイヘンス・ジャパン）

2〜3滴手の平に垂らし、顔を包むように深呼吸。心も頭もリラックスして、ぐっすり眠れます。
ラベンダーナイトオイル／ヴェレダ（ヴェレダ・ジャパン）

手紙というクラシックな
伝え方が好き

毎回、ではないけれど、できるだけ「思い」は、手書きで伝えるようにしている。紙の手触りが好きなのと、文字を書くのも好きだから。そして習慣にしてしまえば、造作もない。LINEやメールのほうが効果的な場合もあるし、手紙のようなクラシックな方法が良い場合もある。時間の余裕や相手との距離感で、どちらか選ぶようにしている。

女性で花をもらって嬉しくない人はいないから。時に、ブーケを突然プレゼントすることも。
ブーケ／ポワンヌフ(POINT NEUF)、ニット／ミューズドゥ ドゥーズィエム クラス

STYLING & IDEA by NAOKO OKUSA

CHARM POINT

好きなパーツは、
人目に触れさせる

様々な機会に書いているけれど、自分の身体のパーツで、一番好きな部分は背中。もちろん、気に入らないパーツもたくさんあるが、それをもはやどうにかしようとは思わない。隠しはしないかわりに、必要以上にアピールしようとはしないのだ。その代わりに、好きな部分は、できるだけきれいに見せるように工夫をする。そうすると、人の視線は「自分がそれほど好きでもない部分」にはいかず、唯一自信がある場所に向かうのだ。だから私の場合、普段から脚やバストよりも、背中に徹底的に時間をかける。優しくスクラブをし、保湿を完璧にし、そして、時に背中側から写真を撮ってもらう。姿勢に気をつけ、日焼けにすら気をつかう。自分には一つもない、なんて言わないでほしい。絶対ある。そして、1ヵ所くらい自分のどこかを認めてあげてほしい。

ニット／ミューズドゥ ドゥーズィエム クラス、中に着たワンピース／フレーム、ピアス／ボン マジック

STYLING & IDEA by NAOKO OKUSA

RAINY DAY

雨の日の着こなしは、靴が起点

雨用の靴や傘を揃えてから、雨の日が嫌いではなくなった。そうすると、怖いものなし。どんな天気でも、気持ちを落とすことなく、毎日おしゃれを楽しめる。そう、ストレスを1つ手放したのだ。スタイリングも至ってシンプル。雨の日は絶対のドレスコードである靴から、上に向かって決めていく。雨量やその日の予定で、ミドル丈の長靴、そして意外と大雨の日に活用するビーチサンダル。あ、サンダルは突然の雨に備えて持ち歩いても良い。そして、さまざまな予定が詰まっている日の、エナメルのバレエシューズ。この3足があれば、どんな天候、スケジュールにも対応してくれる。

（左から）ビーチサンダル／ハイアン、靴／レペット、ブーツ／ハンター

HUNTER　　　HAYN　　　Repetto

**降り止まない雨の日に。
バイカーブーツ感覚の長靴**

ミドル丈のハンターの長靴は、息子と共用。1日履いていても疲れないから、終日雨予報の日のお出かけに。定番のスタイリングは、ブーツ感覚でデニムをイン。ハードになりすぎないよう、赤リップ代わりの赤い傘を足して。

ニット／エイトン、パンツ／レッドカード、ストール／ブロンテ バイ ムーン、グローブ／海外にて購入、傘／エストネーションにて購入、バッグ／シャネル、ブーツ／ハンター

**雨の日も、晴れの日も。
ボルドーのビーチサンダル**

ビーチサンダルは、私の夏の必須アイテム。雨に濡れても気にならないから、どんな天気の日にも。上下で異なるソールで歩きやすく、珍しいボルドー色もお気に入り。ビーチサンダルにはミモレ丈スカートがマスト。

ニット／エイトン、スカート／ザラ、ストール／ファリエロ・サルティ、傘／バーニーズ ニューヨークにて購入、バッグ／カバナ バシュ、サンダル／ハイアン

**ちょっとした雨の日に。
きちんと感もあるエナメル靴**

レペットのバレエシューズは撥水性のあるエナメル素材だから、小雨の日に活躍してくれます。きちんと感が必要な場面にも対応してくれ、しかもポインテッドなら脚長効果も。ロング×ロングのコーディネートと相性抜群。

コート／アクアスキュータム、ニット／ミューズ ドゥ ドゥーズィエム クラス、パンツ／ドゥロワー、傘／三越にて購入、バッグ／ヴァジック、靴／レペット

STYLING & IDEA by NAO...
TECHNIQUE

シンプルな服こそ 「着方」でものにする

買ってきた服をそのまま着て格好いい、なんていうことはないと思っている。例えばシャツのボタンを全て留め、カフスもきっちり合わせ、真面目に着るのは「カフェのギャルソンみたい」と、ヨーロッパでは揶揄される。まるで決まりきったユニフォームのよう——という意味だ。シャツに代表されるようなシンプルでオーセンティックなアイテム、ほかにもテーラードジャケットやトレンチコートは、襟を立てる、ボタンを開ける、袖をまくる……など、自分なりの味付けをしないと。鏡の前でああでもない、こうでもない、と工夫と努力が必要なのだ。裏を返すと、そうして工夫と努力をすれば、誰でも着こなせるということ。

シャツ／マディソンブルー
パンツ／エイトン
ピアス／ルル フロスト
リング／マルコム ベッツ
ブレスレット／ハム
バングル[手首から1番目]／ティファニー
バングル[手首から3番目]／マルコム ベッツ
バッグ／ボッテガ・ヴェネタ

1. SHIRT

01. 袖を2〜3度折り返す。

02. 最後は内側だけを折り返して立体感を。

03. 襟をぐっと立てる。

04. 後ろ襟はそのまま、前を自然に寝かせる。

襟元を乱す、袖をラフにたくす

シャツの命は、襟、前立て、カフス。この部分を見せたり隠したり。正しくプレスしたり、あえて乱したりすることをして、ぐっと自分に引き寄せる。例えばコットン、細いストライプの五分袖のシャツ。前立ての裏、襟裏、カフスの裏を一度プレスしてから、あえて手でつぶす。こうすることで、立体感が生まれ、凹凸のある女性の身体にフィットしてくれる。そして、襟を立てたら、首の後ろはそのまま、前半分はナチュラルに寝かせて。袖は、五分なら2〜3度折り返すだけ。ボタンはバストの大きさや位置で、2つか3つ開ける。

ジャケット/シーズンスタイルラボ
（新宿高島屋ファム・メゾン 5階 シーズンスタイルラボ）
Tシャツ/フレーム
パンツ/エーピー ストゥディオ
ブレスレット/ハム
リング/グーセンス パリ
バッグ/ソニア リキエル

2. JACKET

01. 袖をピンと下まで伸ばす。

02. 大きく一折りする。

03. 肘くらいまで、内側だけをもう一折り。

04. 肘の上までぐっとたくし上げる。

ボタンを開けて、肘まで袖をまくって

ジャケットは、本来がとてもオーソドックスでマスキュリンなものだが、着方に成功すれば、逆に女っぽく艶っぽい一枚になる。シングルタイプの場合、コツは2つ。カジュアルにボタンを開けること。さっと軽やかに羽織ってきました、という風情で。そして袖を肘まで(手首ではなく、肘までがポイント)、ジャケットに慣れた感じにぐっとたくし上げること。どれだけ、真面目な表情のジャケットを「くずせるか」が、大切なのだ。そして合わせるインナーで、「首を隠さないこと」も重要。首の筋やデコルテの影を見せると、ジャケットが「女の服」になる。

3. TRENCH COAT

BELT

01. 結び目を中心から少しずらして、ぐっと絞る。

02. 緩まないように力を入れながら、片リボン結びに。

SLEEVE

01. 袖をピンと下まで伸ばす。

02. 袖ベルトの下まで、内側だけを一折りする。

03. ライナーが見えるよう、同じ場所をもう半折り。

ウエストを絞る、裏地を見せて袖を折る

英国軍の雨具としてのスタートをもつトレンチコートは、究極の様式美。様々なパーツはそれぞれに意味をもち、だからこそ、それらが残っているトラディショナルなトレンチコートは美しい。どんな着こなしも受け止めてくれる度量の大きさがあるから、私はカジュアルにも、ドレスアップにも合わせてしまう。前を開けるか、きっちり閉じるかは、インナーによって。例えばプリントスカートをちら見せしたいなら、ウエストはぐっと絞って、ベルトから下は、ナチュラルに広げて。そしてライナーのチェックを見せたいのと、カジュアル感が欲しいから、袖は軽くまくる。

コート／アクアスキュータム
ニット／ミューズドゥ ドゥーズィエム クラス
スカート／イザベル マラン
サングラス／レイバン
ピアス／ルル フロスト
ブレスレット／ハム
バッグ／シーズンスタイルラボ
スニーカー／コンバース

STYLING & IDEA by NAOKO OKUSA

GLASSES

メガネは「はっきり顔」をつくる、アイライン

生まれてずっと目が良い人生ゆえ、メガネをかけ始めたのはここ数年。元々あまりメイクが得意でないから、自分の顔が人生の様々を経て変わっていくことと、なりたいイメージがかけ離れていくのに困っていたとき。そうか、メガネがある！ アイラインをしっかり描かなくても、目や鼻がきゅっと際立つような気がして。それからは、疲れが顔に出ているときや、朝、メイクの時間がないときに、メガネを活用している。面長の顔、パーツの配置が求心的なため、似合うものは数少ないけれど、丸みのあるボストン型はいける。ボストンで大流行したからこの名前がつけられたこの形は、比較的どんな人にも似合うと思う。

黒ぶちのメガネはアイライン効果が高い。メイクに手間をかけられない日の顔作りに。
メガネ／ジンズ（ジンズ）

顔をトラッドにしてみたい日に。ニュアンス豊かなべっ甲柄は、ファッション性の高い一本。
メガネ／アイヴァン 7285

意外と肌馴染の良い赤のメガネ。疲れた顔に華やかさと血色をプラスしてくれる。
メガネ／ゾフ（ゾフカスタマーサポート）

→
メガネ／アイヴァン 7285
コート／アクアスキュータム
ピアス／ボン マジック

STYLING & IDEA by NAOKO OKUSA

BAG

必要なのは、「持ち方」の異なる4つのバッグ

そのブランド、色、素材も大切だけれど、バッグはフォルムが大事。今までも伝えてきたけれど、とみに、バッグの形のバリエーションが増えた今、ますますその思いを強くしている。小さなクロスボディ（斜め掛け）は軽やかに若々しく見えるし、ショルダーの長いタイプは、支点が下がり、着こなしが安定する。大きなトートバッグは、女性らしい着こなしをシャープに印象付けてくれ、そして最近ベーシックなスタイリングを、一気にスポーティに導いてくれるバックパックが加わった。大人にはなかなかのトライアイテムだったけれど、色をベーシックカラーにすること、くたっと身体になじんでくれる薄手のナイロンを選ぶことで、クリア。この4つのバッグがあれば、カジュアルから仕事、ドレスアップまであらゆるシーンをカバーしてくれる。

重心を下げてシャープにまとめる大きなトート

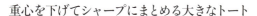

横長のトートバッグは、どうしたって重く目立ってしまうから、カットレザーの1つを選択。これなら、夏も軽やかに持てます。荷物が多い日、旅行のときの機内バッグとしても活躍。

バッグ／アズディン アライア
ニット／ミューズ ドゥ ドゥーズィエム クラス
スカート／イザベル マラン
キャミソール／海外にて購入
ピアス／ルル フロスト
リング／グーセンス パリ
ブーツ／ニナ リッチ

小さな「斜め掛け」で軽やかな印象に

白という色もチェーンもアクセントとしては「最高」ですが、大事なのは斜め掛けができること。全体をコンパクトにまとめながら、視線を上げてくれるので、軽やかな空気感をまとわせてくれます。

バッグ／シャネル
コート／セリーヌ
ニット／ドゥロワー
パンツ／ミラ オーウェン
サングラス／アヤメ
ピアス／ルル フロスト
靴／レペット

ロングショルダーはぶらりと持つのが新鮮

独創的なデザインが大好きなヴァジックのバッグは、この太目の筒型が特徴。ロングショルダーなので、肩から下げれば着こなしが安定し、手に持てば新鮮なバランスに。

バッグ／ヴァジック
ベスト／マディソンブルー
スカート／エービー ストゥディオ
バングル／メゾンボワネ
サンダル／メグミオチ

シンプルな服を一気にスポーティに

グレーのようなカーキ、小さなロゴ、そして適度な光沢のナイロン素材。大きさも完璧な大人が持てるリュック。リュックは後ろ姿への視線を上げ、スタイルよく見せてくれます。

バッグ／レスポートサック
ワンピース／ジェームス パース
サングラス／スペクトレー
ピアス／ボン マジック
時計／シチズン
ブレスレット／ハム
リング／マルコム ベッツ
サンダル／テバ

STYLING & IDEA by NAOKO OKUSA

JACKET

ジャケットは、
テーラードと
ツイードの2枚

肩がきまり、腕が細く見え、ウエストがシェイプして見えるから、ジャケットは究極のスタイルアップアイテムだと実感している。持つべきは2タイプ。テーラードジャケットと、ツイードのノーカラー。テーラードはラペルが小さく、ヒップが半分くらい隠れる丈。黒だとモードに、ネイビーはトラッド風になる。ツイードは、さまざまな糸がミックスしたファンシーツイード。この一枚をもう7年ほど愛用しているけれど、薄手の素材、ノーカラーが結局ずっと使いやすい。360度どこから見てもきれいなシルエットが欲しいシーンでは、ジャケットに頼ることにしている。

今の私には、
ツイードジャケットに
タイトスカートを

以前の本にも登場し、長く、大切に着ているファンシーツイードのジャケットはセレクトショップのオリジナル。昔はデニムと合わせていたけれど、今はタイトスカートで。「マダムらしさ」を恐れなくなったから。

ジャケット/ドゥーズィエム クラス
ニット/ミューズ ドゥ ドゥーズィエム クラス
スカート/ギャルリー・ヴィー
ピアス/ボン マジック
ブレスレット[チェーン]/ハム
バングル[ゴールド]/マルコム ベッツ
リング/マルコム ベッツ
バッグ/ヴァレンティノ

「ジャッキー」を
イメージした
春のマリンコーデ

ネイビーの金ボタンジャケット、白パンツ、ルイ・ヴィトンのボストンバッグ——。永遠に好きな、トラッドでクリーンなコーディネート。真面目になりすぎないよう、ジャケットの袖を折り返して自分らしくラフに。

ジャケット／アクアスキュータム
インナー／ドゥロワー
パンツ／エイトン
ピアス／ボン マジック
サングラス／レイバン
時計／IWC
ブレスレット／ハム
リング／マルコム ベッツ
バッグ／ルイ・ヴィトン

STYLING & IDEA by NAOKO OKUSA

STOLE & SCARF

普通の服は「巻き物」で、ドラマティックになる

基本的にはニットやTシャツなど、シンプルなトップスが好きだから、「巻き物」はなくてはならないアイテム。ストールやスカーフ、ネックレスで、なんてことはない服に絵を描いていくイメージ。これも正解はないから、その日の気分や、着こなしの方向で鏡の前で様々トライする。コツは、「大胆に」。あとは、そのスカーフやストールを巻く意味を掘り下げること。例えば防寒のためであれば小さく巻いたほうが良いし、華やかさのためなら大きく、もしくは長く使う。トップスの襟のデザインと、「布物」の性質を考えて、8つのサンプルを。

```
1 2    5 6
3 4    7 8
```

1. スカーフ／キンロック、ニット／エイトン、パンツ／ミラ オーウェン、ピアス／ボン マジック　2. ストール／ブロンテ バイ ムーン、Tシャツ／オーラリー、パンツ／ミラ オーウェン、ハット／ジャネッサ レオン、ピアス／ボン マジック　3. スカーフ／シーズンスタイルラボ、ニット／オーラリー、パンツ／ミラ オーウェン、ハット／ジャネッサ レオン、ピアス／ボン マジック　4. スカーフ／エルメス、ジャケット／アクアスキュータム、Tシャツ／ミラ オーウェン（ミラ オーウェン ルミネ新宿2店）、パンツ／ミラ オーウェン、ピアス／ボン マジック、サングラス／レイバン　5. スカーフ／グッチ、ニット／ドゥロワー、パンツ／ミラ オーウェン、ピアス／ボン マジック　6. ストール／ジョンストンズ、ニット／ジョン スメドレー、パンツ／ミラ オーウェン、ベルト／エルメス、サングラス／アヤメ、ピアス／ボン マジック　7. ストール／ファクトリエ、ジャケット／アッパーハイツ、ニット／フォンデル、パンツ／ミラ オーウェン、ピアス／ボン マジック、ネックレス／海外にて購入　8. ストール／ブルネロ クチネリ、ジャケット／イザベルマランエトワール、ニット／ミューズドゥ ドゥーズィエム クラス、パンツ／ミラ オーウェン、グローブ／セルモネータ グローブス、ピアス／ボン マジック

STYLING & IDEA by NAOKO OKUSA

TIMELESS PIECES

気持ちや流行が変わる中、私を支える「10年服」とは?

　気の遠くなるような時間をかけて、この先の10年を支えてくれるルールを手にしたら、具体的な服をピックアップすることがネクストステップ。流行はめまぐるしく変わり、しかも、それは例えばSNSやストリートといった、予想もつかない方向からやってくる今。さらに、女性の体型は日々変化し、それに伴い気持ちも同じところに止まることなく流れていく。その中で10年自分を支えてくれるアイテムは、何なのだろう。多くはないけれど、いくつかはある——それらが、私を、私のおしゃれを支えてくれるのだ。例えば、トレンチコート。もうすでに、7年ほど愛用しているアクアスキュータムのトレンチコートは、これから先の10年もずっと一緒だと思う。肩章や、風よけのためのチンウォーマーなど、すべてのデザインに意味があるトレンチコートは、だからこそ、この先形を変えようがない。様々、デザインがデフォルメされたものは2着目にして、やはり王道の一着を持っていると、「あのドレスに何を羽織ろう」「大切な顔合わせがある雨の日、どうしよう」に応えてくれる。元々、素材が堅牢で劣化しにくいから、へたれにくいのもポイント。そして、レザーのライダースもそう。表革という素材は、時間という積み重ねで、ますます豊かさと味わいを増していくもの。トレン

チコート同様、様式美にのっとった、オーセンティックなデザインであれば、とにかく早く手に入れて、自分好みに育てていったほうが良い。「いつか買う」なら「今すぐ」に、の代表的アイテム。

　最後にパールのピアス。30代で、「迷い」というおしゃれのトンネルに入り込んだとき、いつも「大丈夫」とささやき続けてくれたのは、このパール。首にできる筋やデコルテの窪み、目の下のくすみなど、この先、顔まわりにどんどん増えるのが黒という影。それは、出現を遅らせることはできるけれど、すべての女性に起こる変化。その時に、絶対持っていたほうが良いのがパールなのだ。白という光で横顔を照らしてくれると、張りが満ちていた以前の自分とは違う種類の美しさに気付き、幸福になる。この先長い付き合いになるのであれば、これもやっぱりなるべくすぐに、これ、という一つを見つけたい。

　ここに挙げた3つは、どう流行が変わろうとも、1サイズの増減さえも「ものともしない」。対して、デニムやシャツなどは、実はそのときそのときのモードが如実に表れるもの。もちろんずっと愛用し続けたいのだけれど、小さなマイナーチェンジは絶対に必要。デニムに関しては、リベットや加工の仕方、色や形など、1年前と現在では、全く違っているくらい、スピード感がある。シャツも同じ。ストレッチが効いているのか、襟は大きいのか。袖のボリュームは？　肩の山はぴたりとしているのか、もしくは大きく落ちているのか。アイテムとしては揃えておきながら、「今の時代に、私に合っている？」と問いかけが必須なもの。「このまま寄り添ってくれるもの」と「常に見直しながらアップデートするもの」――両方があれば無敵だと思う。

photo by Tomoko Meguro

STYLING & IDEA by NAOKO OKUSA

SCHOOL EVENT

学校というシーン。ルールがある中でのおしゃれ

17年前に私の日常に加わったのが、学校というシーン。授業参観や先生との面談などはもちろん、例えば卒業式や入学式、あとは、意外と考えてしまうのが、運動会。大切なのは、自分らしさや流行の前に、学校のルールに従うこと。ネイビーや黒といった色の指定があれば、それを守ってこそ、のスタイリング。ただし、学校の予定の後に、スタイリストとしての仕事があるときもあるから、どちらも満たすドレスコードを、もう制服のように決めている。ワンピースやスーツは、できるだけ体型や流行の変化に左右されないものを選び、「毎回印象を変えなくては」などと考えなくて良いのが、学校という場面だと思う。

**「入学式」には
特別な黒を。
華やかさと明るさを
忘れずに**

子どもたちが新たなスタートを切る入学式。私は着物か黒のワンピースを着ることにしている。ワンピースの場合は、黒でもシルエットが華やかで、少し白が入ったものを。白のバッグやパールのネックレスで明るさを足して。

———

ワンピース／ルシェルブルー、ネックレス／ノーブランド、バッグ／シャネル、パンプス／マノロ ブラニク

「保護者会」から仕事へ。ルールと自分らしさを備えた服で

保護者会の後に仕事が入っている時のために、学校のルールを外れずに、自分らしさも忘れないワンピースを用意している。シルキーなブラウスとタイトスカートが一体型になったもの。保護者会は柔らかさを意識して。

ワンピース/シーズンスタイルラボ（新宿髙島屋ファム・メゾン 5階 シーズンスタイルラボ）、サングラス/アヤメ、バッグ/ルイ・ヴィトン、パンプス/ジャンヴィト ロッシ

「運動会」の正解。動きやすいパンツから逆算して

動きやすさが求められる運動会で、デニムはNG。だから、ゆったりしたストレッチコットンのネイビーパンツを起点にコーディネートを。スニーカーと大きいバッグは大前提なので、あとはTシャツを選ぶだけ。

Tシャツ/フレーム、パンツ/ドゥロワー、ストール/ブロンテ バイ ムーン、サングラス/スペクトレー、ブレスレット/ハム、時計/シチズン、バッグ/ステート オブ エスケープ、スニーカー/コンバース

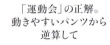

↑

↓

まだ寒さの残る「卒業式」。辿り着いたのは、ネイビーのスーツ

3月末の体育館で、ワンピース1枚はけっこう寒くて。回数を経て編み出したのがスーツ。色はネイビー、とろみと光沢感のある厚手のジャージー素材、ダブルの金ボタン。インナーはレースのトップスで女性らしさと華やかさを。

ジャケット、トップス、パンツ/すべてアクアスキュータム、ネックレス/ノーブランド、時計/ジャガー・ルクルト、バッグ/フェンディ、パンプス/マノロ ブラニク

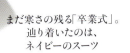

STYLING & IDEA by NAOKO OKUSA

WITH CHILD

ここに行くからこの服。
作戦会議も"服育"の一部

　正しい場所に正しい服を着ることが、おしゃれの第一歩だと子供たちには伝えるようにしている。色合わせや素材の組み合わせなどは、その後。例えば家族でレストランに行くときは、そこにいるほかのお客様や、サーブしてくださる人たちの服装を思い描くことが近道。シャツを着ている方にサービスされるのに、ジャージで良いわけがない。おしゃれは、人や場所に敬意を示すための手段。そんなことを折に触れて話すことも、"服育"だと思っている。行き慣れた近所のカフェに行くときなどは、思い思い好きな格好で。まだ「母につき合ってくれる」末の娘と2人の場合は、色や素材感に共通点をもたせると、なんだかワクワクするから不思議。

**共通項は、
「ニット」と「深い色」**

深いマスタードと、深いグリーン——「こっくりとした森の色」を共通項に、末っ子のマヤとリンクコーディネート。そして温かみのあるニットの質感も、それぞれのトップスに採用します。これで2人のカジュアル感や温度感が揃います。

娘：
ニット、タイツ、ブーツ／
すべてザラ キッズ
タートルニット、スカート／
ともにプチバトー
メガネ／ノーブランド
私：
ニット／ジバンシィ
パンツ／ドゥロワー
ピアス／イエナにて購入
バッグ／ラドロー
パンプス／ジミー チュウ

STYLING & IDEA by NAOKO OKUSA

LAYERED

冬は素材を、色を、かたちを、注意深く重ねて

冬が苦手。寒さもそうだけれど、2月頃スタイリングが行き詰まる。その両方を解決するのが、「重ねるおしゃれ」。そして、それは冬がある国でしか楽しめない、究極に贅沢で豊かなこと。大切なのは、まずは素材の表情を知ること。カシミヤはぬめりのある暖かさ。ウールはざっくりと

ニット、ワンピース、ニット──冬半ばまで楽しめる、お気に入りのレイヤード

黒ベースのプリントワンピースは前開きだから、中にも重ね着しやすくて。インナーは黒のタートルネック、アウターには厚手のロングカーディガンを。この上に、ムートンジレやガウンコートをさらに重ねれば冬の中頃までは大丈夫。

カーディガン、ワンピース／ともにエイチ ビューティ&ユース
ニット／ジョン スメドレー
ソックス／無印良品
ピアス／ボン マジック
リング／ハム
ブレスレット／海外にて購入
バッグ／シーズンスタイルラボ
サンダル／プラダ

したマット感が特徴で、シルクはすべらかで光沢があり、コットンは目が詰まったハーフマット——といったように。色はもちろん、こうした素材の持つキャラクターを理解し、注意深くレイヤードしていくと、全身がとたんに華やかになるから面白い。そして、実は保温性が高いシルクを肌の近くに着ると一日快適。素材が呼吸してくれるカシミヤは、寒暖差があるときに。などと、素材で体温調節の工夫もできたら完璧。

とことん寒い日には、冬の素材をミラノっぽい配色で重ねて

レイヤードは上にも下にも重ねられるものだから、意外と可能性が大きい。寒い日は、ファーのジレをタートルニットとコートで挟んで。コートがいらない時季なら、ジレの下にライダースを。白のグローブで全体をトーンアップして。

コート／エイトン
ベスト／ハウント
ニット／ミューズドゥ ドゥーズィエム クラス
パンツ／アズールバイマウジー
グローブ／海外にて購入
バッグ／フェンディ
ブーツ／トゥモローランド

STYLING & IDEA by NAOKO OKUSA

BLACK FORMAL

マナーとして揃えた、「お悔やみセット」

ずっと、「黒い服」で間に合わせてきたことを、いよいよ悔やんだ30代。間違いのない黒のセットアップ、ストッキングや靴、サブバッグ、レースのグローブに至るまで全て揃えた。「お悔やみの席」で、故人を悼み、その家族や友人に心を寄せることに集中したいから。ここまではっきりとしたドレスコードがある場面もないから、それを守ることは、絶対にマナーだと思う。できるだけ登場する頻度は少ないほうが良いけれど、その日のために、常に「手持ちのセット」を確認しておきたい。

ジャケット、ワンピース/ともにIGINで購入したクロエ
袱紗、グローブ/ともに松屋銀座にて購入
バッグ/IGIN、パンプス/セルジオ ロッシ

1 2
3 4

1. 仕事道具やカーディガンなどを入れるのに必要なサブバッグ。エコバッグや紙袋を使うのは避けたいところ。持ったときに縦長だとバランスが取りづらいので、横長のものを。

バッグ／松屋銀座にて購入

2. 突然やってくるお悔やみの日、ジェルネイルを取る時間がないことも。そんな時のために、フォーマル用の黒いレースのグローブを用意。お焼香の時ははずします。

グローブ／松屋銀座にて購入

3. 絶対に必要な数珠と袱紗。袱紗は金封タイプが使いやすいけれど、慶事と弔事では開きが違うので注意を。細かな作法などは、百貨店の店員さんに尋ねると確実。

袱紗、数珠／ともに松屋銀座にて購入

4. 光沢のない黒ストッキングはフォーマル売り場で購入。伝線した時のために、予備を1足サブバッグに忍ばせています。クローゼットには、常時2～3足ストックしておくと安心。

ストッキング／プチソワール

STYLING & IDEA by NAOKO OKUSA

CARE

服を着る前から、始まっている身だしなみ

服にもきっと「気持ち」があって、大切にされればそれに応えようとする。正しくハンガーにかけ、もしくは畳み、そして着る前には、丁寧にスチームをかけられる。何度か着た後には、ぬるま湯で汚れを落とし——というように、大事にケアされた服を着ることは、スタイリング以前のたしなみ。大事に扱われた服は、きっと、着る人を大事で丁寧な人に見せてくれるのだ。朝、時間がない場合は前日に。それでも忙しすぎて、という人は、あえて1ヵ月に1度、休日に。かけた手間は、その分自信となって、その人を包むはず。

カシミヤニットのお手入れと洗い方

まずはブラシで毛玉取り

カシミヤニットを洗う前に、毛玉取りブラシでさっとブラッシング。毛玉取り器は生地を傷めてしまうので、熟練職人によって作られたこのブラシで。

———

ブラシ／浅草アートブラシ

専用洗剤で優しく手洗いを

ニットを洗う時に愛用しているのが、ザ・ランドレスの専用シャンプー。優しく押し洗い、もしくは洗濯機の手洗いコースで洗濯後は、日陰で平干しを。

———

ウールカシミアシャンプー／ザ・ランドレス（THE LAUNDRESS ルミネ新宿店）

リネンのシワ取り

リネンはスチーマーで
大きなシワを取る

私はアイロンではなく、スチーマーを愛用。勢いよく噴出するスチームが、あっという間にシワを取ってくれるから。リネンはくしゃっとした質感も味。だから大きなシワだけ取ればOK。

アクセススチーム／ティファール（ティファール）
タンクトップ／マディソンブルー

シャツのアイロンのかけ方

シャツは4つのポイントを
重点的に

難しいイメージのシャツのアイロンがけだけれど、実は4つのポイントをしっかり押さえれば、きちんとして見えるもの。それは、襟裏、襟の後ろ、前立て、カフス。最後は身頃全体をさっとなでるだけ。

シャツ／ドゥーズィエム クラス

STYLING & IDEA by NAOKO OKUSA

PAJAMAS & LOUNGEWEAR

エネルギーをくれる、正しい「家時間」

外では脇目も振らずに働いているからか、家に帰ると脱力する。家の中で一番好きな場所はお風呂とベッド。だからこそ、パジャマや家で寛ぐときの服にはこだわっている。パジャマは言うまでもなく寝心地が良いもの。色や素材、デザインは、そのために選ぶ。とりわけオーガニックコットンは、肌触りのふんわり感はもちろん、洗濯するたびに自分になじんでいく感じがすごい。ホームウェアは、外の自分とかけ離れない、やっぱりシンプルでマニッシュなものが好き。きちんと自宅で休んで、また次の仕事に向かうエネルギーをチャージするための、必要不可欠な投資。

1	4
2	5
3	6

1. とにかくソフトな着心地のカットソーとショーツ。スパッツやスウェットと合わせて家着として愛用中。

ロングトップス、ショーツ／ともにヘヴンズ セカンドスキン（ヴァリアス ショールーム）

2. 外着として着倒した後に、家着に格下げ？格上げ？したワンピース。ワンマイルウェアとしても活躍。

ワンピース／ジェームス パース（ジェームス パース 青山店）

3. 足元から冷えるから、靴下は重要。愛用しているのはリブの締め付けがないカシミヤソックス。破れたら繕って使うように。

ソックス／ともにパンセレラ（リーミルズ エージェンシー）

4. ふわふわで柔らかな、オーガニックコットンのパジャマ。肌へのスレがなく、とても快適に眠れています。

トップス、パンツ／ともにスキンアウェア

5. 寒がりだから、家の中でもさっと羽織れるガウンは必需品。秋から春までの夜や朝、パジャマの上に。

ガウン／ジェームス パース（ジェームス パース 青山店）

6. これがないと冬が越せない、というほどにお気に入りのカーディガンはすでに2枚目。柄、暖かさ、質の良さ、すべてが満点！

カーディガン／ベアフット ドリームズ（サザビーリーグ）

STYLING & IDEA by NAOKO OKUSA

INTERIOR

インテリアは、
まず「コーナー」から

数年前に自宅を新築したときに、床や壁を自分好みにこだわってから、一層自宅での時間が好きになった。もちろん、床や壁を大きく変えることはタイミング的に難しい人がほとんどだろうから、まずはコーナーにこだわって。階段下のデッドスペース、玄関のシューズボックスの上、ダイニングの隅など。家の広さや間取りにかかわらず、コーナーは、どんな空間にも存在する。小さな椅子を置く、花を飾る。キャンドルをいくつか置いてみる。自分の好きなしつらえを、ほんのわずかなスペースに作ることで、その部屋、家の印象はぐんと素敵になる。ファッションで言う、服はシンプルでも、手元のジュエリーコーディネートや、足元の装いで、全身が垢抜ける、ということと同じ。そして、シーズンやそのときの気分で、コーナーも少しずつマイナーチェンジ。花を替える、配置を入れ替えるだけでもOK。部屋の中の風景が少し変わると、いつまでも家に飽きないし、愛情を持ち続けられる。

ENTRANCE

家と外とのスイッチを
入れ直す空間

もちろん、お客様をお迎えする場所でもあるのですが、ここは、学校や仕事など外の空間から、リラックスできる自宅へのジャンクション。もしくは、朝元気に家を出ていくときに、通るところ。季節の花を飾り、光と影を作り、エネルギーを絶やさないようにしています。

POWDER ROOM

花やキャンドルで、
「きれいを作る」

顔を洗い、メイクをする2階のパウダールームは大人専用。なかなか一人になれる時間は少ないので、ここで自分と向き合う数十分はとても大切です。目に映るものが「きれいを作る」ので、ここには好きな色の花を。夜はキャンドルを焚いて、できるだけリラックスできるようにします。

BATHROOM

トイレも一つの部屋。
クールに仕上げます

部屋とトイレのテイストがつながらないと落ち着かないので、他の部屋と同じく少し硬質な感じにします。壁は、ネイビーグレー。ファンシーな色やモチーフは、一切なし(笑)。逆に、1階のバスルームは、子供とゲスト用なので、もっと明るく楽しい感じにしています。

MY FAVORITE CORNER

コーナーには「今の気分」を

どんな家にもある「コーナー」やデッドスペースをどう使うかは、部屋全体を整えるのと同様、とても楽しいことです。ファッションで言うと、手元や足元のコーディネートを組み立てるのと、同じイメージ。あまりきれいに並べず、その時の好きなものをランダムに飾っています。

BEDROOM

とにかくリラックスできる色と素材

ベッドルームは、自宅の中で一番好きな場所。ゆっくり身体と心を休める場所なので、ここだけカーペットを敷いて音さえも遮断するようにしています。グレイッシュにまとめた空間に、リネンやカシミヤ、コットンなど——好きな素材を自由に組み合わせています。

STYLING & IDEA by NAOKO OKUSA

10 YEARS LATER

姿勢、身体作り、イメージをもつこと。10年後の自分のためにできること

　人生がまだ長くこの先続いていくように、私たちのおしゃれ修行もゴールはずっと先。寿命がもっと短かったときは、50代にもなれば初老と言われたけれど、今はそれに当たらず。まだ半分ほど未来があるから、今の私にとって、10年後の55歳は、まだまだ挑戦も失敗もして良い年代だと思っている。さらに、人と較べることを完璧に手放し、スタイリングのスキルはぐんと上がり、クローゼットの断捨離もできて。60歳以降こそ、コーディネートを楽しめる時期がいよいよ始まる、とも信じている。

　だからこそこの先の10年は、未来の自分が、ファッションを楽しむための時間。身体のメンテナンスは絶対。痩せることやサイズダウンが目的ではなく、いつまでも服が似合うための土台作り。例えば、すっきりとした首元、しなやかな肩。肩甲骨がうっすらと見える背中に、健やかなヒップのシルエット。そして、筋が見える足首を、重点的にケアしようと思う。全て

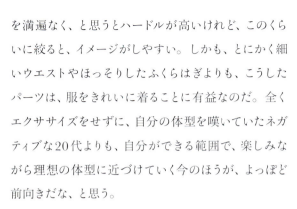

を満遍なく、と思うとハードルが高いけれど、このくらいに絞ると、イメージがしやすい。しかも、とにかく細いウエストやほっそりしたふくらはぎよりも、こうしたパーツは、服をきれいに着ることに有益なのだ。全くエクササイズをせずに、自分の体型を嘆いていたネガティブな20代よりも、自分ができる範囲で、楽しみながら理想の体型に近づけていく今のほうが、よっぽど前向きだな、と思う。

　自分というフォルムを整えると同時に大切なのが、姿勢。長時間スマホを使用することや、どうしても前肩になってしまう現代人の癖もあり、背中はどんどん甘く、丸くなってくる。頭を心もち後ろに引き、あごも軽く引く。そして、肩を前から後ろにぐるっとまわし、前肩を補正。視線は少し前方上を見るようにすると、それだけで劇的に後ろ姿は変わるから、是非お試しあれ。

　そして、イメージをしっかり持ち続けることも大切だ。無理に力を入れてそこに近づけようとするわけではなく、自分にとっての美しい像をきちんとクリアにすること。そのことが、服の選び方や、もしかしたら先に挙げた「服を着るためのパーツ作り」のエクササイズの方法を明確にしてくれる。

　何度も言うけれど、私たちのおしゃれという道のりは、自ら降りない限り、命のある限りずっと続いていく。だからこそ、ピークをなるべく先に。毎日服を着ることで、知らず知らずにしているおしゃれの訓練の成果は、ご褒美のように後で手にしたほうが良い。「あの頃の私はもっと華やかだったし、きれいだった」などと振り返るのは、なしにしたいな、と思う。

STYLING & IDEA by NAOKO OKUSA

EPILOGUE

あとがき

2冊のスタイルブックを、出版したのは30代。そして、今45歳。較べてみて一目瞭然の違いは、「黒のワードローブが増えたこと」。また、顔は痩せ、首やデコルテはそげ、髪の質感も変わったなあ、とも思う。明らかに若さを手放したからこそ、また新しいスタイルやアイデアが生まれ、そのことを、この本に詰めたつもりだ。そして、女性のこの変化こそが、私たちのおしゃれを前進させ、またさらに進む勇気をくれると確信している。1年ごとに年齢を1歳「頂くこと」は、おしゃれをするうえで、何のマイナスでもなければ、嘆くことでもない。負け惜しみや強がりでなくそう思うのは、私自身が、今の私であることに満足し、心地良いと思っているからかもしれない。ミモレの編集長になって3年、毎日、ミモレの記事や多くの人にお会いするイベントで、たくさんのことを学んだことも、その思いを強くしてくれたのだろう。たくさんのページに込めた思いやメッセージを1冊にまとめさせてくれた講談社ミモレ編集部、特に担当編集の川良咲子、さまざまなアイデアをくれたライターの金光麻莉絵さん、大人の写真を撮ってくれたフォトグラファーの最上裕美子さん、魚地武大さん。ヘアメイクを担当してくれた清水ヤヨエさん、完璧なアシストをしてくれた比嘉千夏、シンプルで強いデザインを組んでくれた永野有紀さんに、心から感謝します。そして、最後まで読んでくださったみなさま、ありがとうございました。

大 草 直 子

STYLING & IDEA by NAOKO OKUSA

SHOP LIST

1	BARAKA (バラカ)	03-5454-7200
2	HACCI	0120-1912-83
3	JADE BLANC お客様相談室	0120-651-117
4	M・A・C (メイクアップ アート コスメティックス)	03-5251-3541
5	POINT NEUF (ポワンヌフ)	03-6277-2299
6	SUQQU	0120-988-761
7	THE LAUNDRESS ルミネ新宿店	03-6380-1890
8	アヴェダ お客様相談室	03-5251-3541
9	アツギ (プレスルーム)	046-235-2450
10	アルビオン	0120-114-225
11	アルファネット (rms beauty／ラウア)	03-6427-8177
12	アルペンローゼ (ラ・カスタ)	0120-887-572
13	ヴァリアス ショールーム (エイトン／ヘヴンズ セカンドスキン)	03-3475-4920
14	ヴェレダ・ジャパン	0120-070-601
15	エビス	0120-37-0791
16	クチュール	0120-546-738
17	グンゼ お客様相談室	0120-167-874
18	コーセー	0120-526-311
19	サザビーリーグ	03-5412-1937
20	ジェームス パース 青山店	03-6418-0928
21	シスレージャパン	03-5771-6217
22	新宿髙島屋ファム・メゾン 5 階 シーズンスタイルラボ	03-4531-4170
23	ジンズ カスタマーサポートセンター	0120-588-418

24	スキンアウェア	03-6434-9005
25	ステッラ ピエールマントゥー事業部	03-3523-9048
26	ゾフ カスタマーサポート	0120-013-883
27	ダイソン お客様相談室	0120-295-731
28	ティファール お客様相談センター	0570-077-772
29	ドゥ・ラ・メール お客様相談室	03-5251-3541
30	ドクターシーラボ	0120-371-217
31	ピーアンドティートレーディング	03-6804-3652
32	フィッツコーポレーション	03-6892-1332
33	富士フイルム	0120-596-221
34	プライベート・スプーンズ・クラブ 代官山本店	03-6452-5917
35	ホイヘンス・ジャパン サポートデスク	0120-379-778
36	ミラ オーウェン ルミネ新宿2店	03-6380-1184
37	リーミルズ エージェンシー	03-3473-7007
38	ローラ・メルシエ ジャパン	0120-343-432
39	ロンハーマン 千駄ヶ谷店	03-3402-6839
40	ワコール お客様センター	0120-307-056

※こちらには、本書用にブランドやショップより借用したものに限り、お問い合わせ先と電話番号を記載しています。本編でブランド名の後に、(お問い合わせ先)の記載がないものは、すべて本人の私物です。私物に関しては、ブランドへのお問い合わせはお控え頂きますようお願い致します。(編集部)

大草直子　Naoko Okusa

1972年生まれ。大学卒業後、婦人画報社（現ハースト婦人画報社）に入社。雑誌「ヴァンテーヌ」の編集に携わったのち、独立。雑誌、カタログを中心にスタイリング、編集をこなすかたわら、広告のディレクションやトークイベント出演、執筆業にも精力的に取り組む。2015年よりウェブマガジン「mi-mollet（ミモレ）」（http://mi-mollet.com）をスタート。編集長を務める。プライベートではベネズエラ人の夫と3人の子どもを持つ。Instagram:@Naoko Okusa_official

カバー：
ジャケット／アクアスキュータム
Tシャツ／ミラ オーウェン
（ミラ オーウェン ルミネ新宿2店）
パンツ／スタイルノート×レッドカード
サングラス／スペクトレー
ピアス／ボン マジック
ブレスレット／ハム
時計／IWC
バッグ／シャネル
パンプス／マノロ ブラニク

STAFF

撮影
最上裕美子（人物）
魚地武大（静物）

ヘアメイク
清水ヤヨエ（+nine）

スタイリングアシスタント
比嘉千夏（HRM）

アートディレクション・デザイン
永野有紀、
宮田安記（On-Point Design）

構成・原稿
金光麻莉絵

出演・原稿
大草直子

監修
ウェブマガジン
mi-mollet 編集チーム

撮影協力
バックグラウンズファクトリー

大草直子の
STYLING & IDEA
10年後も使える「おしゃれの結論」

2018年 4 月 3 日　第 1 刷発行
2018年 4 月13日　第 2 刷発行

著者：大草直子
発行者：渡瀬昌彦
発行所：株式会社 講談社
〒112-8001 東京都文京区音羽2-12-21
電話　　編集 Tel 03-5395-3814
　　　　販売 Tel 03-5395-3606
　　　　業務 Tel 03-5395-3615

印刷所　凸版印刷株式会社
製本所　大口製本株式会社

定価はカバーに表示してあります。

落丁本・乱丁本は購入書店名を明記のうえ、小社業務あてにお送りください。送料小社負担にてお取り替えいたします。なお、この本についてのお問い合わせは、ミモレ編集チームあてにお願いいたします。本書のコピー、スキャン、デジタル化等の無断複製は、著作権法上での例外を除き禁じられています。本書を代行業者等の第三者に依頼してスキャンやデジタル化することは、たとえ個人や家庭内の利用でも著作権法違反です。

©Naoko Okusa 2018 Printed in Japan
ISBN 978-4-06-221015-7